Concours canadien de journalisme

D'une vision à l'autre

From See to See

National Newspaper Awards

RESEARCH, WORDS AND DESIGN by / Recherche, textes et conception par Len Fortune

EDITED by / Édité par Michael Simpson

PUBLISHER / Éditeur Jim Poling Sr.

NNA 50th ANNIVERSARY CO-ORDINATOR / Coordonnateur du 50e anniversaire du CCJ Bryan Cantley

D'une vision à l'autre:
Concours canadien de journalisme

ISBN 0-9684864-1-X

Association canadienne des journaux
890 rue Yonge
Toronto, Ontario

Achevé d'imprimer par Bryant Press,
Scarborough, Canada.

From See to See:
National Newspaper Awards

ISBN 0-9684864-1-X

Canadian Newspaper Association
890 Yonge St.
Toronto, Ontario

Printed and bound in Canada
by Bryant Press, Scarborough

Color imaging/
Graphisme polychrome:
Thomas Williams
Black/white imaging/
Graphisme monochrome:
Ron Hartwell

Translation/traduction:
Alain Gazaille

Front cover: Rod MacIvor: Page 55
Back cover: Ralph Bower: Page 78

Raconter toute l'histoire
Telling the whole story

Flash back to 1954, the *Toronto Telegram*'s Ted Dinsmore perched precariously on the seawall with Lake Ontario lapping at his feet, balancing his clunky, large format (4 x 5-inch) Speed Graphic camera with its manual 12-sheet magazine.

One chance was all he had, and as a dazed Marilyn Bell lifted her head out of the water and touched the wall to complete her historic lake crossing ... click, one for the ages.

Fast forward 20 years, and Doug Ball of Canadian Press lifts his 35mm single-lens reflex camera just as former Conservative leader Robert Stanfield fumbles a football during a federal election stop ... click, goodbye election.

Forward again to 1996 and the *Toronto Star*'s Bernard Weil aims his digital camera on a wide-eyed, gaping Donovan Bailey at the Atlanta Olympics ... click, hello gold medal.

Each of the images burn brightly in Canadian photo lore, moments frozen on newsprint and, not surprisingly, fitting winners of National Newspaper Awards for photojournalism.

This collection of all NNA winners in the photo categories is in many ways an outline of the history of Canadian photojournalism for the last 50 years. From front to back, the evolution of the medium, in technology and technique, is clearly evident.

Not so evident is the changing image of the men and women behind the lens. They are an eclectic bunch, always have been, and bonded by zeal and passion for their job.

In what many think was the heyday of Canadian news-

Reportons-nous en 1954, Ted Dinsmore, du *Toronto Telegram*, est en équilibre précaire sur un muret au pied duquel les eaux du lac Ontario viennent clapoter. Il tient un Speed Graphic, un appareil photo massif pour du 4 x 5 avec un magasin manuel de 12 clichés.

Une chance, c'est tout ce qu'il a quand Marilyn Bell, hébétée, sort la tête de l'eau pour toucher le muret et ainsi compléter son historique traversée du lac ... clic pour la postérité.

Vingt ans plus tard, lors de la campagne électorale fédérale, Doug Ball, de la Presse canadienne, ajuste son 35mm reflex au moment où Robert Stanfield, chef des conservateurs, échappe maladroitement un ballon de football ... clic, adieu l'élection.

Maintenant en 1996 aux Jeux olympiques d'Atlanta. Bernard Weil, du *Toronto Star*, fait la mise au point de son appareil-photo numérique sur un Donovan Bailey les yeux exorbités, la bouche grande ouverte ... clic et bienvenue la médaille d'or.

Toutes ces images scintillent au firmament de la tradition photographique canadienne, des instants fixés à jamais sur le papier-journal, et par le fait même liés aux lauréats en photographie du Concours canadien de journalisme.

Cette collection de tous les gagnants du CCJ en photographie illustre de plusieurs façons les 50 dernières années de l'histoire du photojournalisme au Canada. De la première à la dernière page, l'évolution du médium, technologique et technique, est évidente.

N'est pas aussi évidente l'image changeante des hommes et des femmes derrière la lentille. Il s'agit d'un groupe bigarré, il l'a toujours été, dévoré par l'attachement et la passion pour son travail.

● Le personnel photo du Toronto Telegram en 1954. ●

● The Toronto Telegram photo staff in 1954. ●

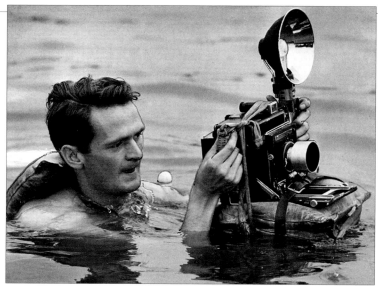

● Feu John Maclean démontre la versatilité du Speed Graphic. ●
● **The late John Maclean shows the versatility of the Speed Graphic.** ●

papers — the '40s and '50s — the common perception of the breed was "a nose for news and a stomach for whiskey." Perhaps, but also pretty dapper in their bow ties, white shirts, suits and fedoras, a far cry from their modern counterparts.

A half-century ago, the newspaper landscape was marked by fierce, often outlandish, competition for readers. Photographers were the troops in the trenches, their weapon a heavy, awkward camera and a pack of flashbulbs, batteries, lenses and film.

The *Telegram*'s Dinsmore was one of those in the thick of it, operating in a three-paper town when the paper wars were most decisively fought on the streets.

With his trusty Speed Graphic, Dinsmore prided himself in getting his assignments done in one frame, while occasionally shooting another sheet for assurance. Today's photojournalists, in comparison, routinely expose one or two rolls of 36 frames for important jobs.

"They're (modern photojournalists) shooting movies, not stills," Dinsmore says today from his Oakville, Ont., home.

The 1957 NNA winner for feature photography, Villy Svarre of the *Vancouver Province* said, in his day "if you shot more than two sheets per assignment, you were breaking the rules."

Although he was successful with the large-format camera, Svarre admits "they were too heavy, too cumbersome and too slow."

On the arrival of the single-lens reflex camera (35mm format), many press photographers viewed the miniature camera as a fad that would only find a market with amateurs.

Bob Olsen, who won two NNAs (1959 and '64), was not one of them.

Dans les années 40 et 50, époque considérée par plusieurs comme l'âge d'or des journaux canadiens, la perception commune pour l'espèce était "du flair pour les nouvelles, de l'estomac pour le whisky", associée à une tenue soignée avec complet, veston, noeud papillon et feutre mou, plutôt assez éloignée de sa contrepartie moderne.

Il y a un demi-siècle, la compétition se voulait féroce, souvent barbare. Les photographes constituaient les troupes dans les tranchées avec comme arme un lourd et compliqué appareil photographique avec des lampes-éclair de rechange, des piles, des lentilles et de la pellicule.

Dinsmore, du *Telegram*, était l'un d'entre eux au plus fort de la bagarre; trois quotidiens se partageaient la ville et les guerres entre journaux se gagnaient le plus souvent dans la rue.

Se fiant à son Speed Graphic, Dinsmore s'enorgueillissait de ne prendre qu'un cliché par affectation, parfois deux par précaution. Par comparaison, les photographes modernes vont régulièrement utiliser un ou deux rouleaux de 36 poses pour une affectation d'importance.

"Ils font un film, non des instantanés," estime Dinsmore à propos des photographes modernes. Il vit maintenant à Oakville, Ont.

Le lauréat du CCJ en photographie de reportage en 1957, Villy Svarre, du *Vancouver Province*, rappelle que dans son temps "vous enfreigniez les règles en faisant plus de deux clichés par affectation."

Mais malgré sa maîtrise des appareils grand format de l'époque, il avoue qu'ils "étaient trop lourds, trop encombrants et trop lents".

Pour plusieurs photographes de presse, les appareils miniatures comme le 35mm reflex avec simple lentille ne constituaient qu'une mode passagère destinée avant tout aux amateurs.

Bob Olsen qui a remporté deux prix du CCJ (en 1959 et 1964) faisait bande à part. Photographe à Vancouver, il a été le premier à l'époque à utiliser régulièrement le format 35mm pour un journal quotidien. Il voyait dans le nouvel équipement une versatilité que les appareils grand format ne pouvaient concurrencer. "Dans ce temps-là, presque tout était posé dans le style des magazines," rappelle-t-il.

Comme toute nouveauté, le nouvel appareil suscitait la méfiance. "Encore Olsen avec ses jouets" entendait-il à la salle des nouvelles quand il revenait d'une affection avec ses appareils miniatures.

Mais bien sûr, le progrès s'est imposé pour en être rendu maintenant où le bromure d'argent si cher à la photographie fait place lentement au numérique. Le pixel remplace aujourd'hui l'émulsion et, au grand regret des puristes, les logiciels d'édition de photo succèdent au plaisir de la chambre noire.

Les éditeurs photo qui auparavant se penchaient sur les tables lumineuses remplies de négatifs, téléchargent (ou le feront très bientôt) leur ordinateur directement de l'appareil-photo numérique comme Weil l'a fait à Atlanta. Pas de pellicule, pas de développement, tout passe par la magie à des électrons.

L'art en a-t-il souffert? À peine. Comme le soutient Olson, les photographes d'aujourd'hui "font du sacré bon travail".

The former Vancouver photojournalist was the first to use the 35mm format regularly for a daily paper and saw in the new equipment a versatility the large-format camera couldn't match. "Back then, almost everything was posed, magazine-style," he said.

Like any fresh idea, this new device was viewed with suspicion. "Here comes Olsen with his toys again" was the constant chide hurled at him whenever he entered the newsroom with his "miniature" cameras.

It caught on eventually of course, and has evolved to the point where silver-based photography is slowly giving way to digital photography. The pixel is now replacing grain and — regrettably, purists would say — photo shop computer programs are replacing the whole darkroom experience.

Photo editors, who once pored over negatives on a light table, are (or will be in the near future) downloading images on computers straight from a digital camera pack, as Weil did in Atlanta. No film, no processing, everything via electronic voodoo.

Has photography suffered? Hardly. As Olsen says, today's shooters are doing "bloody good stuff."

Silver-based or digital, the power of a single image can't be underestimated.

A prime example: The *Star*'s Paul Watson's 1993 photo of the corpse of an American pilot dragged through the streets of Mogadishu, Somalia, by an out-of-control mob. The horrifying image not only won an NNA and Pulitzer Prize, but helped change the course of American foreign policy toward the African nation.

Closer to home, few events shattered the Canadian psyche like the slaughter of 14 women at University of Montreal's Ecole Polytechnique in 1989. And few images haunted us like the one by Allen McInnis of the *Montreal Gazette*.

On another front, under the heading of *The Camera Never Lies*, Mike Cassese of the *Toronto Sun* scored in the 1992 World Series with his photo of Blue Jay Kelly Gruber tagging Deion Sanders of Atlanta. The umpire called Sanders safe, leaving Cassese with the sole photographic evidence that the Jays did indeed complete only the second triple play in Series history.

Whether sports, spot, or feature, the photographs between these covers each reveal layers of a story that words alone cannot tell. Which, come to think of it, is what photojournalism is all about.

As one old photo proverb has it: "If the whole story could be told in words, there would be no need to lug a camera around."

Bromure d'argent ou numérique, la portée d'une seule image ne peut être sous-estimée.

Un exemple de qualité: La photo prise en 1993 par Paul Watson, du *Star*, du corps d'un pilote américain traîné par des émeutiers dans les rues de Mogadishu, en Somalie. Cette photo d'horreur lui a valu non seulement un prix du CCJ et un Pulitzer mais elle a modifié la politique américaine envers ce pays d'Afrique.

Plus près de nous, peu d'événements ont autant ébranlé la psyché canadienne que le massacre de 14 femmes à l'École polytechnique de l'Université de Montréal en 1989. Et peu d'images nous hantent autant que celle prise par Allen McInnis, de *la Gazette*, de Montréal.

Au chapitre "Une photo ne ment pas," Mike Cassese, du *Toronto Sun*, a marqué des points lors des Séries mondiales avec sa photo montrant le joueur des Blue Jays, Kelly Gruber, touchant Deion Sanders, des Braves d'Atlanta. L'arbitre a déclaré Saunders sain et sauf, mais Cassese détenait la seule preuve montrant que les Jays avaient vraiment réussi le seul deuxième triple-jeu de l'histoire des Séries.

Que ce soit dans les catégories sport, reportage ou actualité, les photos de cet album révèlent des histoires que les mots seuls ne peuvent rendre. Ce qui est le propre du photoreportage.

Comme le dit si bien un vieux proverbe du métier, "si tout pouvait être dit en mots, il n'y aurait aucun besoin pour un appareil-photo."

A special thanks to Ron Poling, Bill Becker and Graeme Roy of Canadian Press; Kate Bird in Vancouver (the *Sun and Province*); Danielle Hampe of The *Toronto Star*; Karen Crosby of the *Calgary Herald*; Jim Thomson; Sheila, widow of Gordon Sedawie; NNA winner Villy Svarre; NNA winner Ted Dinsmore; my wife and children (Ene-Mai, Eva-Mai, Leea and Kristjan) and my mom Rosina.

Len Fortune
May, 1999

Merci particulièrement à Ron Poling, Bill Becker et Graeme Roy de la Presse canadienne; Kate Bird, de Vancouver (*le Sun* et *le Province*); Danielle Hampe, du *Toronto Star*; Karen Crosby, du *Calgary Herald* ; Jim Thomson; Sheila, la veuve de Gordon Sedawie; Villy Svarre, lauréat du CCJ; Ted Dinsmore, lauréat du CCJ; ma femme et mes enfants (Ene-Mai, Eva-Mai, Leea et Kristjan) et ma mère Rosina.

Len Fortune
Mai, 1999

Contents / Table des matières

● Doug Griffin et Reg Innell, du Toronto Star, en 1976, lors du congrès au leadership qui a vu Joe Clark prendre les rênes du PC. ●

● Doug Griffin and Reg Innell of the Toronto Star in 1976, covering the leadership convention that elected Joe Clark leader of the PCs. ●

● spot news photo **1949** photographie d'actualité ●

Jack DeLorme

Calgary Herald

Le sauvetage d'un enfant lors d'un incendie nous émeut, mais celui-ci a pris une tournure tragique avec le décès deux jours plus tard du bambin de deux ans,

Ce prix en photographie d'actualité du Concours canadien de journalisme fut le premier de 50 ans de tragédies, d'actes héroïques, de triomphes et de scènes de la vie canadienne sur pellicule photographique, à une exception près*.

*En 1996, le lauréat Bernard Weil a utilisé un appareil numérique.

A fire rescue of a small child is disturbing enough, but this one took on a more tragic nature when the child — only two years old — died later in hospital.

This, the first National Newspaper Award (NNA) for spot news photography, set the stage for 50 years of tragedies, heroics, triumphs and the Canadian way of life, all stored as latent images via the camera lens, save one.*

*Bernard Weil's 1996 NNA winner was shot with a digital camera.

● spot news photo **1950** photographie d'actualité ●

Harry Befus

Calgary Herald

A poignant photo highlighting a pair of slip-on rubbers in the foreground instead of the usual bent metal or body bag, shows a subtle and sensitive style used by Harry Befus to record the traffic death of an elderly man.

The photo titled *Footsteps to Death* ran twice in *Life* magazine and won three other major awards for Befus, including the American Graflex Award.

U ne photo poignante mettant en valeur à l'avant-plan une paire de claques, en lieu et place de l'habituel métal tordu ou du linceul d'un cadavre, démontre le style sensible et subtil d'Harry Befus pour traiter de la mort d'un vieillard sur la route.

Ce document intitulé "Les pas de la mort" est paru deux fois dans le magazine Life et a permis à Befus de remporter trois autres prix prestigieux dont l'American Graflex Award.

● feature photo **1950** photographie de reportage ●

John Maclean

Toronto Telegram

Feu John Maclean (reporter-photographe) était vraiment un homme d'action. Enthousiaste, spectaculaire, bon vivant, il avait l'appétit d'un chien affamé pour chacune de ses affectations.

Sa finesse d'exécution se voit bien sur ce document traitant d'une inondation au Manitoba. Le désespoir des propriétaires de cette maison se comprend quand on constate qu'ils n'ont eu d'autre choix que de hisser leur automobile après à un arbre.

The late John Maclean (reporter/photographer), colourful, spectacular and full of enthusiasm, was very much an action man who approached each assignment with the appetite of a starved dog.

His keenness for the job is well documented in his work on the Manitoba flood. Maclean's winning photo shows the desperation of stricken home-owners who had lashed the family car to a tree.

● spot news photo **1951** photographie d'actualité ●

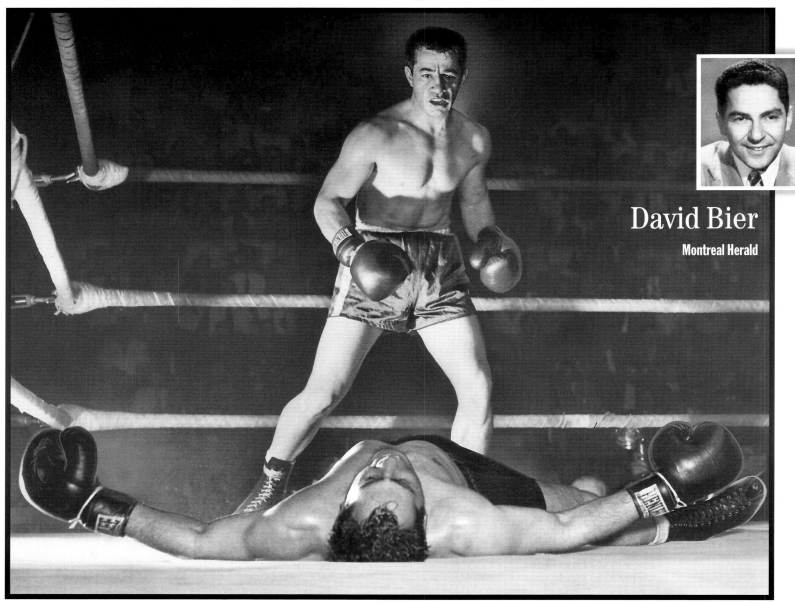

David Bier

Montreal Herald

D avid Bier's mat-level view at the Montreal Forum of boxing great Rocky Graziano assessing his flattened opponent's ability to recover is striking in both its composition and the starkness of the lighting.

Graziano was later portrayed by Paul Newman in the movie *Someone Up There Likes Me*; and at the NNA judging in 1952, everyone liked Bier's shot.

C ette vue au ras du ring du grand Rocky Graziano surveillant son adversaire étendu reprendre ses sens est frappante à la fois par sa composition et aussi par l'éclairage blafard du Forum de Montréal.

Graziano a été personnifié à l'écran par Paul Newman dans le film *Someone Up There Likes Me* (Quelqu'un là-haut m'aime). Et tous les membres du jury en 1952 ont aimé la photo de David Bier.

● feature photo **1951** photographie de reportage ●

N e jamais laisser une autre affectation interférer dans la prise d'une bonne photo. C'est ainsi que Peter Dunlop, du *Telegram*, a effectué après une affectation un détour lors de la canicule de juillet pour voir les pensionnaires du vieux Toronto Riverdale Zoo, près de la rivière Don.

Un vieil ours Kodiak, hargneux, combattant la chaleur dans un minuscule bassin, lui a fourni la meilleure photo du climat de la journée. Il a réussi à passer son encombrant appareil-photo à travers les barreaux et à cadrer la bête étendue sous le soleil du midi.

N ever let another assignment stand in the way of a good picture. The *Telegram*'s Peter Dunlop took a detour from a job during a July scorcher to check out the inmates of the old Toronto Riverdale Zoo near the Don River.

A crusty old Kodiak bear beating the heat in a miniature pool provided the perfect weather shot for Dunlop, who pushed his bulky camera through the bars and framed the beast reclining in the noon-day sun.

Peter Dunlop

Toronto Telegram

● spot news photo **1952** photographie d'actualité ●

Russell Cooper
Toronto Telegram

 I was crying like a baby from tear gas bombs when the picture was taken

Russell Cooper on his precarious shooting position on the reformatory's roof

 Je pleurais comme un bébé à cause des gaz lacrymogènes au moment de la photo

Russell Cooper, en position sur le toit du pénitencier

Russell Cooper, a two-way man for the old *Tely*, was the first recipient of Ontario's civic award for heroism.

"Coop" was a contradiction in appearance: A shy, soft-spoken and rangy man who liked to wear bow-ties laced with small polka-dots, he nevertheless had a knack for disarming hardened criminals. Cooper's dream assignment was a 1959 photo session with the British Royal Family, but it was his photos of a Guelph Reformatory riot that gave him national recognition.

Russell Cooper, personnage hors de l'ordinaire au vieux *Tely*, a été le premier récipiendaire de la médaille civique de l'Ontario pour héroïsme.

En apparence, il était une contradiction. Timide, d'un timbre bas, homme ordonné qui portait un noeud-papillon orné de petits pois, il avait la manière pour désarmer des criminels endurcis. Son affectation préférée fut une séance de photo avec la famille royale en 1959. Mais c'est l'émeute au pénitencier de Guelph qui lui a valu la reconnaissance nationale.

● feature photo **1952** photographie de reportage ●

Harry Befus

Calgary Herald

Harry Befus a remporté son second prix du CCJ en montrant comment peut être imprévisible et indisciplinée la course des chevaux sauvages du Stampede de Calgary.

L'ex-chef-photographe s'est séparé du *Herald* en 1982 après 46 ans de travail. Au bureau, il était reconnu "pour son laconisme haut en couleurs". À son époque, il fut l'un des photographes canadiens les plus avant-gardistes.

Harry Befus' second NNA showed the unruly and unpredictable Wild Horse Race at the Calgary Stampede.

The former chief photographer called it quits in 1982 after 46 years at the *Herald*. He was "renowned in the office for a certain colourful terseness" and in his era, Befus was one of Canada's foremost photojournalists.

● spot news photo **1953** photographie d'actualité ●

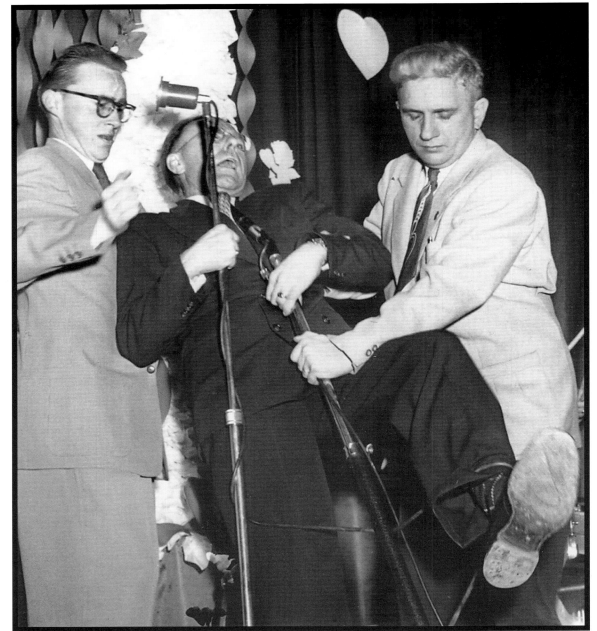

— Courtesy Sir Alexander Galt Museum

Orval Brunelle

Lethbridge Herald

This photo of Lethbridge mayor A.W. Shackleford, shocked from an ungrounded microphone, ran in more than 1,300 magazines and newspapers. The mayor, holding two mikes simultaneously, became a reluctant conductor of current at a Valentine dance.

In 1980, Orval Brunelle presented another notable, the Queen Mother, with a collection of photos he had taken of her — some as far back as 1939. The appreciative royal broke protocol and invited the Lethbridge photographer to dinner.

Cette photo du maire de Lethbridge, A.W. Shackleford, électrocuté par un microphone sans mise à la terre, est apparue dans 1300 journaux et magazines. Tenant deux microphones en même temps, le maire est devenu conducteur malgré lui lors d'une soirée de la St-Valentin.

En 1980, Orval Brunelle a été présenté à une autre personnalité, la Reine-mère, avec sa collection de photos de sa majesté, certaines datant de 1939. Rompant avec le protocole, son altesse, en gage d'appréciation, a invité à dîner le photographe de Lethbridge.

● feature photo **1953** photographie de reportage ●

Bill Dennett
Vancouver Sun

T he owner of a thoroughbred mare wasn't too happy when his prize steed was nipped on the nose by a chihuahua. The mare nosed in between the yappy miniature canine and her colt, far right, fearing harm might come to her offspring. The chihuahua then turned its attention to the mother, and Bill Dennett was there to record the assault.

L e propriétaire d'une jument pur-sang ne fut pas très content de voir son destrier mordu au nez par un chihuahua. La jument s'est placée entre le minuscule chien qui jappait et son poulain, à droite, craignant qu'il soit molesté. Le chihuahua s'en est alors pris à elle et Bill Dennett était là pour saisir l'assaut.

● spot news photo **1954** photographie d'actualité ●

Ted Dinsmore

Toronto Telegram

A water-taxi driver held the legs of Ted Dinsmore as he leaned into the darkness of Lake Ontario while balancing on a slippery seawall offshore of Toronto's Exhibition grounds.

Dinsmore, a former naval photographer, seeing only the white bathing cap of Marilyn Bell as she stroked the final feet of her historic lake swim, managed to get off one exclusive frame that recorded a dazed and tired Bell (a mere 16) touching the seawall. Her epic crossing — the first by either man or woman — was *the* sports story of the decade.

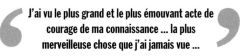

"J'ai vu le plus grand et le plus émouvant acte de courage de ma connaissance ... la plus merveilleuse chose que j'ai jamais vue ...

— *Ted Dinsmore*

U n chauffeur de taxi aquatique tenait les jambes de Ted Dinsmore pendant qu'il se penchait au-dessus d'un muret glissant, scrutant la noirceur du lac Ontario, à la bordure des terrains d'Exposition-Ontario. Ancien photographe de la marine, Dinsmore n'apercevait que le bonnet blanc de Marilyn Bell alors qu'elle terminait sa traversée historique. Il a réussi un cliché exclusif de Bell (à peine 16 ans), hébétée et fatiguée, touchant le muret. Cette traversée épique, la toute première autant pour un homme que pour une femme, a été l'événement sportif de la décennie.

● feature photo **1954** photographie de reportage ●

Ray Munro

Vancouver Province

Ray Munro, a photographer/reporter, was in the hunt for a double award in the 1954 NNA judging. Winning with his *Gallant Gander* for feature photography, he was also second-runner-up for spot news reporting.

Munro's acclaimed photo shows a Canada goose attacking a police horse that ventured too close to its nest in Vancouver's Stanley Park.

Tales of Munro's flamboyant and adventurous style fills a book he wrote: *The Sky's No Limit.*

Ray Munro, reporter-photographe, était en lice pour un doublé cette année au CCJ. Lauréat en photographie de reportage avec "Un brave jars", il a terminé finaliste en photographie d'actualité.

La photo primée montre une oie du Canada attaquant le cheval d'un policier qui s'est aventuré trop près de son nid dans le parc Stanley, à Vancouver.

Reconnu pour son style aventureux et flamboyant, il a même publié un recueil de ses histoires, intitulé *The Sky's No Limit.*

● spot news photo **1955** photographie d'actualité ●

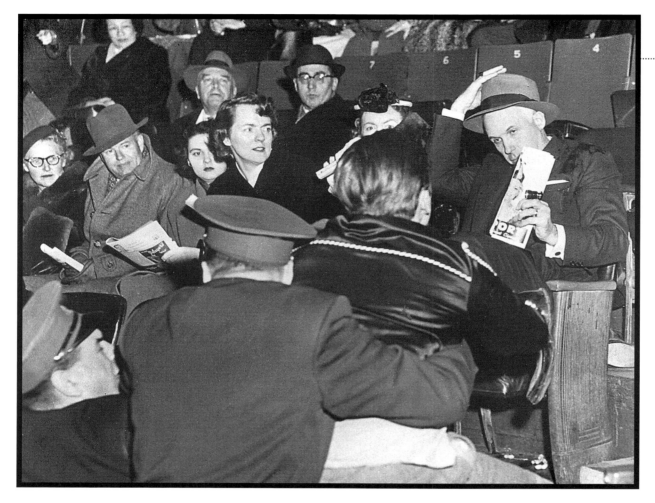

Roger St-Jean
La Presse, Montréal

National Hockey League president Clarence Campbell (seen clutching his hat at the Montreal Forum as ushers try to restrain a protester) suspended Canadien superstar Maurice (*Rocket*) Richard during the 1955 season, costing the winger a chance at the scoring title. Hockey's CEO paid the price when angry fans rioted inside the revered ice palace, pelting him with tomatoes and eggs.

The *Rocket* was a god to the Quebecois during the late '40s and '50s and it was Roger St-Jean (also both a national yo-yo and tango champion) who held his ground amidst the uproar to record this historic moment in Canadian sports.

En 1955, le président de la Ligue nationale de hockey, Clarence Campbell (qu'on voit ici, retenant son chapeau pendant que des placiers maîtrisent un manifestant) a suspendu du jeu la supervedette Maurice *Rocket* Richard, privant ainsi l'ailier du championnat des marqueurs pour la saison. Les partisans lui ont fait payer cette décision en déclenchant une émeute dans le temple de ce sport et en lui lançant oeufs et tomates.

Le Rocket était l'idole des Québécois de la fin des années 40 aux années cinquante. C'est Roger St-Jean, lui-même un champion national de yoyo et de tango, qui a su garder son calme et prendre ce cliché historique dans les annales du sport canadien.

• feature photo **1955** photographie de reportage •

Jack Marshall
Toronto Star

J etez ici un regard. Une cane et ses canetons paralysent la circulation sur le boulevard Lake Shore, à Toronto, durant l'heure de pointe. Jack Marshall est familier avec les honneurs. Il a remporté en 1952 le prix de la Presse canadienne pour sa couverture de la visite de la Princesse Elizabeth (aujourd'hui reine); en 1960, l'Association des photographes professionnels lui a décerné le premier prix en photo de presse.

T ake a gander at this. A mother duck and her brood of ducklings brought traffic to a standstill during rush-hour on Lake Shore Blvd. in Toronto.

Jack Marshall was no stranger to awards: In 1952, he won Canadian Press honours for coverage of Queen Elizabeth's (then a princess) Royal visit; and in 1960, he won the Canadian Professional Photographers' Award for best press photo.

● spot news photo **1956** photographie d'actualité ●

Ted Jolly
Amherst News

The late Ted Jolly stood vigil along with most of the residents of Springhill, N.S., on a brisk November night waiting for word on 127 coal miners trapped in the bowels of Maritime earth.

Dramatic rescues by draegermen, above, saved 88 of the men, but 39 succumbed to the deadly gas explosion at No. 4 Colliery. More than 50 of the men rescued were entombed for four nights and three days in the lightless pits.

Durant une nuit frisquette de novembre, feu Ted Jolly attendait, tout comme la plupart des résidents de Springhill (N.-É.), des nouvelles des 127 mineurs prisonniers d'un conduit du sous-sol des Maritimes. Des hommes avec des appareils respiratoires, ci-dessus, ont dramatiquement sauvé 88 mineurs mais 39 autres ont péri à la suite de l'explosion mortelle de gaz au Puits no 4. Plus de 50 des survivants ont passé quatre nuits et trois jours emmurés dans des conduits sans lumière.

● feature photo **1956** photographie de reportage ●

Gordon Sedawie

Vancouver Province

Une technique familière en composition photographique consiste à juxtaposer des éléments opposés ou incongrus. C'est ce qui est arrivé à feu Gordon Sedawie dans cette scène après qu'un autobus eut défoncé le mur d'une pharmacie. Le pharmacien-propriétaire, peu impressionné par les dégâts, s'est installé dans les ruines pour lire le magazine *Life*, laissant entendre à tous que "c'est la vie!".

Sedawie est décédé à l'âge de 42 ans mais ses nombreux parents et amis perpétuent son souvenir.

It's a technique that is familiar in photographic composition: The juxtaposition of opposites or incongruous subjects. The late Gordon Sedawie captured such a moment after a bus smashed into the front of a Vancouver store. The store's owner, a druggist, was content to shrug the damage off and sat amidst the ruins to read a magazine — basically saying to everyone, "That's *Life*."

Sedawie was only 42 when he died, but his memory is preserved by many friends and relatives.

● spot news photo **1957** photographie d'actualité ●

Jerry Ormond
Calgary Herald

This is a great picture. It gives a real taste of the danger and excitement of chuck-wagon races, a favourite at the Calgary Stampede.

It also contains the critical moment when a driver is in danger of being crushed by run-away equines. And it has near-perfect composition for being taken in the midst of chaos. But what makes this a real great picture is that Jerry Ormond shot with a vintage and cumbersome Speed Graphic camera.

Toute une photo! Elle rend compte vraiment du danger et de la surexcitation propres aux courses de chariots du Stampede de Calgary.

Elle contient aussi un élément de suspense avec un conducteur sur le point d'être écrasé par des chevaux hors de contrôle. Sa composition frise la perfection avec le chaos en son centre. Mais encore plus extraordinaire, c'est que cette scène a été captée par un antique et encombrant Speed Graphic.

● feature photo **1957** photographie de reportage ●

Villy Svarre

Vancouver Province

Villy Svarre worked on newspapers in his native Denmark before moving to Canada. In Europe, the young Dane used both a Rolliflex and a 35mm camera. When he arrived at the *Province* he was handed a Speed Graphic, much to his chagrin.

His graphic portrait of a proud native mother and her children who were rescued from starvation some 1,600 km north of Vancouver was shot with the Speed Graphic. Svarre's reporter held his flashgun equipped with a long synch cord a few feet off camera — a novel concept for press photography at the time, but one Svarre had mastered in Denmark.

Villy Svarre a fait ses débuts dans les journaux de son Danemark d'origine avant d'émigrer au Canada. En Europe, le jeune Danois utilisait un Rolliflex et un appareil 35mm. Au *Province*, on lui remit à son grand désespoir un Speed Graphic.

Ce cliché soigné d'une fière mère autochtone et de ses enfants, sauvés de la famine à 1000 milles au nord de Vancouver, a été réalisé avec un Speed Graphic. Le journaliste accompagnant Svarre a tenu la lampe-éclair et son cordon d'alimentation à quelques pieds de l'appareil-photo, un nouveau concept à l'époque en photographie de presse mais que Svarre avait maîtrisé au Danemark.

● spot news photo **1958** photographie d'actualité ●

— Courtesy D.B. Weldon Library, University of Western Ontario

Robertson Cochrane

London Free Press

Robertson Cochrane placed himself in a delicate situation when he moved in to photograph an angry mob of teens attacking an OPP officer.

The photo suggests that the mob had the upper hand, but — with reinforcements of the local constabulary — the enraged group of pent-up testosterone was subdued.

Robertson Cochrane s'est mis dans une situation délicate quand il s'est déplacé pour photographier des adolescents déchaînés, s'en prenant à un policier de la PPO.

Le cliché semble laisser voir que la foule a le meilleur bout du bâton mais des renforts de la force constabulaire locale ont eu raison du débordement de testostérone.

● feature photo **1958** photographie de reportage ●

Ron Laytner

Toronto Telegram

Ron Laytner, vétéran voyageur et journaliste-photographe au *Toronto Telegram*, aime les feux de la scène. Dans sa carrière, il a été poursuivi par une foule en colère à Terre-Neuve, il a été accusé d'espionnage par le gouvernement du Zanzibar, il a été détenu au Portugal, tout ça pour obtenir l'image parfaite.

Cette photo, primée au CCJ, montre une Jeannette, donnant un coup de pied à une Guide pendant l'inspection. Peggy Colthart, la Jeannette, a déclaré qu'elle était fatiguée et que de toute manière, c'est la Guide plus âgée qui lui avait, la première, donné un coup de pied.

Ron Laytner, a well-travelled reporter/photographer for the *Toronto Telegram*, loved the limelight. During his career, he was chased by an angry mob in Newfoundland, charged with spying by the Zanzibar government, arrested in Portugal — all in the hunt for the perfect image.

Laytner's NNA photo shows a playful Brownie kicking a Girl Guide during a formal inspection. The Brownie, Peggy Colthart, says she was bored at the time … and anyway, the older Guide booted her first.

● spot news photo **1959** photographie d'actualité ●

George Diack

Vancouver Sun

The front page editor of the *Vancouver Sun* knew he had a winner when he displayed George Diack's series of shots showing a man bent on jumping off the Lion's Gate Bridge. The photos were run the full width of Page One above the fold.

Diack, who started work with the *Sun* in 1947, was able to record the dramatic rescue of the suicide attempt even though it occurred more then 100 metres above the water.

Le pupitreur de la une du *Vancouver Sun* savait qu'il avait la bonne combinaison quand il a étalé les clichés de George Diack, mettant en scène un désespéré voulant se jeter du pont Lion's Gate. Les photos ont été jouées à la largeur de la une, au-dessus du pli.

Diack, à l'emploi du *Sun* depuis 1947, a été en mesure de capter le sauvetage dramatique du suicidaire, même à 100 mètres au-dessus de l'eau.

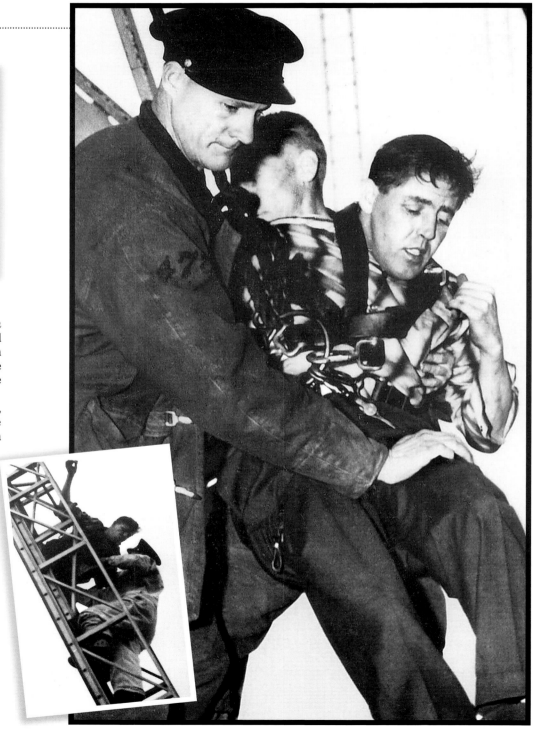

● feature photo **1959** photographie de reportage ●

Bob Olsen
Vancouver Province

A trip to an isolated lake in British Columbia resulted in a touching photograph that gave some insight into the plight of a poor Mennonite family.

Photographer Bob Olsen travelled to Takyie Lake with a reporter to deliver gifts to the family after the mother (shown in the photo) had just given birth to triplets. The family was already too large and too poor for more mouths to feed.

U ne excursion à un lac isolé de Colombie-britannique a donné une touchante photo qui laisse voir ce que peut être le fardeau d'une pauvre famille mennonite.

Accompagné d'un reporter, Bob Olsen est allé au lac Takyie pour livrer à une famille des présents après que la mère (à gauche) eut donné naissance à des triplés. Cette famille était déjà trop nombreuse et trop pauvre pour se permettre de nouvelles bouches à nourrir.

● spot news photo **1960** photographie d'actualité ●

Jack Bowman

Brantford Expositor

Jack Bowman arrived in Canada from Scotland in April of 1960. Three months later, while covering a race at Harewood Acres, near Jarvis, Ont., he caught the precise moment that a race car twisted out-of-control and went airborne. The driver, a TV producer, was killed.

Jack Bowman est arrivé au Canada en avril 1960 en provenance d'Écosse. Trois mois plus tard, couvrant une course à Harewood Acres, près de Jarvis (Ont.), il a capté le moment précis où un bolide hors de contrôle a commencé à faire des tonneaux. Son pilote, un producteur de télé, a été tué.

● feature photo **1960** photographie de reportage ●

Don McLeod
Vancouver Province

on McLeod montre avec fierté la photographie qui lui a mérité un prix du CCJ et une note parfaite en ingéniosité. Il aurait pu photographier cette course cycliste de manière habituelle et obtenir de bons résultats. Mais il a fait un effort supplémentaire avec son sens aigu de la composition, prenant une roue de bicyclette comme cadre de la photo. Une excellente réalisation.

on McLeod shows off the photo that earned him an NNA and gets perfect marks for ingenuity. He could have photographed the bike race in the usual journeyman's approach and come back to the office with good results.

But he went the extra 10-yards, and with his keen sense of composition, McLeod used one of the wheels of a bike as a frame — excellent execution.

● spot news photo **1961** photographie d'actualité ●

Gordon Karam

United Press International
Ottawa Bureau

W ire photographer Gordon Karam took the picture that his boss wanted, and then he took the photo he wanted — the latter won an NNA.

Karam, as instructed by his UPI supervisor, photographed then Trade Minister George Hees throwing the first rock at a curling rink opening. Instead of leaving, he waited for Ottawa Mayor Charlotte Whitton, decked out in a floral dress and stole, to try a rock — a laugh in the house followed.

G ordon Karam, photographe d'agence de presse, a pris la photo que son patron voulait, puis la photo que lui voulait. C'est la seconde qui a remporté le prix du CCJ.

Son superviseur à UPI lui avait demandé de photographier le ministre du Commerce, George Hees, lançant la première pierre à l'inauguration d'un curling. Au lieu de partir, il a attendu que la mairesse d'Ottawa, Charlotte Whitton, s'exécute vêtue de sa robe étroite à fleurs, ce qui a provoqué un grand éclat de rire.

● feature photo **1961** photographie de reportage ●

Jack Jarvie

Brantford Expositor

Originally from Scotland, Jack Jarvie served with the RCAF and the army in WWII. He joined the *Expositor* in 1953 after a stint with the *Toronto Star*.

As much as his winning entry could be construed as a set-up shot (not that there is anything wrong with set-up shots), Jarvie did happen upon the two youngsters pondering a ride in the tunnel of love at the Norfolk County Fair.

Originaire d'Écosse, Jack Jarvie a servi dans l'armée et dans la RCAF lors de la Deuxième guerre mondiale. Il est entré au *Brantford Expositor* en 1953 après un passage au *Toronto Star*.

On pourrait croire que le photographe a effectué une mise en scène pour ce cliché (il n'y a rien de mal avec les mises en scène), mais Jarvie est tombé par hasard sur ces deux enfants hésitant à s'engager dans le tunnel de l'amour lors de la foire du comté de Norfolk.

● spot news photo **1962** photographie d'actualité ●

Daniel Scott

Vancouver Sun

A dramatic helicopter rescue by the Royal Canadian Air Force of a crew member from a grounded freighter garnered an NNA for Daniel Scott.

The photo, taken from the air on a brisk January day, shows the bow of the crippled ship contrasted with the crew member dangling above a treacherous ocean. Simply put, the photo told the whole story of a daring rescue.

U n dramatique sauvetage d'un marin par un hélicoptère des Forces armées canadiennes a valu un prix du CCJ à Daniel Scott. Prise des airs par un matin frisquet de janvier, la photo montre la poupe du cargo échoué avec le marin se balançant dans le ciel au-dessus d'une mer agitée. Simplement dit, ce cliché raconte entièrement l'histoire d'un sauvetage périlleux.

● feature photo **1962** photographie de reportage ●

Boris Spremo

Globe and Mail

Légende vivante du photojournalisme canadien, Boris Spremo a fui l'ex-Yougoslavie pour échapper au communisme. Le moins que l'on puisse dire, c'est qu'il a fait plus que son possible de sa nouvelle vie au Canada.

Il a remporté quatre prix du CCJ, tous dans la catégorie photographie de reportage. Son premier prix, apparu dans le *Globe & Mail*, montre les différentes expressions d'impatience d'un lieutenant-colonel, attendant que la cérémonie du changement de la garde commence.

A legend in Canadian photojournalism, Boris Spremo left the former Yugoslavia to escape Communism. To say the least, he has made the best of a new life in Canada.

Spremo is the winner of four NNAs for photography, all in the feature category. His first, a series of images for the *Globe and Mail*, shows the changing facial expressions of an impatient Lt. Col. waiting for a change-of-command parade to begin.

● spot news photo **1963** photographie d'actualité ●

Kent Stevenson

Calgary Herald

Kent Stevenson's image of the path that a downed plane carved in a farmer's field is both eerie and frightening.

The photo, taken from a helicopter, shows the lengthy trail gouged by the stricken airliner as it skidded along the earth. Stevenson used Plus X film at f8 and 1/1000th of a second. Miraculously, no one was killed.

Une image à la fois inquiétante et stupéfiante de Kent Stevenson. Elle montre les traces laissées dans un champ par un avion qui s'est écrasé.

Le cliche, pris d'un hélicoptère, montre le sillon creusé par l'avion en détresse au contact du sol. Stevenson a utilisé une pellicule Plus X à f8 et à 1/1000 de seconde. Miraculeusement, il n'y eut aucune perte de vie.

● feature photo **1963** photographie de reportage ●

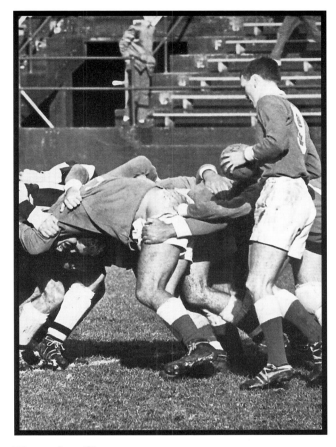

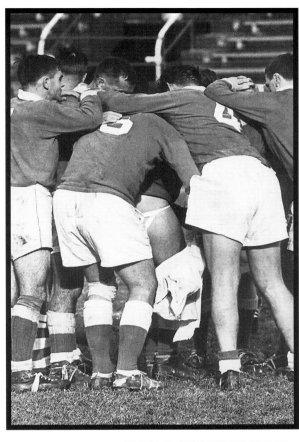

Boris Spremo

Globe and Mail

La nouvelle vie de Boris Spremo au Canada a débuté comme plongeur à l'hôtel Royal York. Aujourd'hui, sa carrière comporte quatre prix du CCJ et la médaille de l'Ordre du Canada. Pour ce deuxième prix, toujours au *Globe & Mail*, Spremo a fait montre d'humour avec les difficultés d'un joueur de rugby à garder sa dignité ... et ses culottes!

Boris Spremo started life in Canada as a dishwasher at the Royal York Hotel. Today he has four NNAs and the Order of Canada in his portfolio. In his second award winner for the *Globe and Mail*, Spremo's humour once again shines through with a rugger player struggling to keep his dignity ... and his pants.

● spot news photo **1964** photographie d'actualité ●

Peter Geddes

Toronto Telegram

It doesn't look like much of a shot, but for its era, it was a winner. The notorious president of the Canadian Seafarers Union, Hal Banks, went into hiding from the RCMP and the FBI. This was the first photo to surface, showing Banks arriving on a Brooklyn dock.

Peter Geddes, a photographer/reporter, had been chased and threatened several times by union hooligans but stoically hung on to get the pic. Later in his career, Geddes survived a shock from his 500-volt electronic flash unit as he ran for cover during the 1967 Detroit race riots.

Cette photo n'a rien d'extraordinaire, si ce n'est en fonction de l'époque. Hal Banks, le président de l'Union des marins canadiens, se cachait de la GRC et du FBI. Ce document fait état de sa réapparition, arrivant à un quai de Brooklyn. À plusieurs reprises, Geddes, un journaliste-photographe, a été poursuivi et menacé par les voyous du syndicat. Il s'est stoïquement accroché pour obtenir cette photo. Plus tard dans sa carrière, il a survécu à une décharge de 500 volts provenant de sa lampe-éclair alors qu'il courait se mettre à l'abri pendant les émeutes de Détroit en 1967.

● feature photo **1964** photographie de reportage ●

Bob Olsen

Vancouver Times

Bob Olsen is a two-time winner in the NNA category for feature photography.

His treatment of a special moment between a granddaughter (Olsen's daughter, Suzanne) and her grandfather preparing for prayers at Thanksgiving caught the eyes of the NNA judges, who were swayed by the contrast of the hands and the low-key lighting that complemented the mood of the solemn occasion.

Bob Olsen a remporté à deux occasions un prix du CCJ dans la catégorie photographie de reportage.

Il a subjugué les membres du jury par son traitement d'un moment précieux alors qu'un grand-père et sa petite-fille (Suzanne, la fille d'Olsen) se préparent à la prière de l'Action de Grâces. Le jury a été impressionné par le contraste des mains sous un faible éclairage, ajoutant au ton solennel du moment.

● spot news photo **1965** photographie d'actualité ●

Clifford Knapp

Kingston Whig-Standard

C lifford Knapp started at the *Whig-Standard* in 1955 as a reporter, never expecting that one day he would be commandeered and armed by the OPP for a wild chase of two cons who had escaped from a chain gang.

Knapp — although excited by the pursuit — had the presence of mind to lay down his shotgun momentarily to record the recapture of one of the criminals. His reporter, foreground, stood guard as the OPP cuffed the wayward John Tryon.

C 'est en 1955 que Clifford Knapp a débuté comme reporter au *Whig-Standard*. Il ne s'attendait pas un jour à participer à une chasse à l'homme de la PPO pour retrouver deux évadés. Malgré l'énervement du moment, Knapp eut la présence d'esprit de laisser tomber son arme pour photographier la capture d'un des criminels. À l'avant-plan, son collègue journaliste assure la garde pendant que deux policiers menottent John Tryon.

● feature photo **1965** photographie de reportage ●

Ken Oakes

Vancouver Sun

Les possibilités pour une bonne photo sont partout. Ken Oakes, de Winnipeg, s'en est rendu compte quand il est allé en rechignant couvrir un concert. Peu après son arrivée, il a visé un flûtiste, la tête dans un énorme tuba. Clic! Et voilà un gagnant du CCJ!

The potential for a good picture is everywhere. Ken Oakes discovered that when he reluctantly took a concert assignment.

After arriving, it wasn't long before the Winnipeg-born Oakes eyed a flutist crowned by the mouth of a large sousaphone. Click, presto, an NNA winner.

● spot news photo **1966** photographie d'actualité ●

Norman James
Toronto Star

An incredible series of a Blue Angel jet crashing during the CNE Air Show in Toronto won Norman James the spot news NNA. James was able to fire off seven frames in five seconds to record the horrific tragedy. The most astounding frame shows the wreckage of the U.S. naval plane caroming in all directions as spectators in the foreground watch. James, a veteran of 11 Royal tours, joined the *Star* in 1933.

Une séquence incroyable de photos d'un réacté des Blue Angels durant le pageant aérien du CNE à Toronto a valu à Norman James un prix du CCJ en photographie d'actualité.

James a été en mesure de faire sept clichés en cinq secondes de l'horrible tragédie. Le plus éloquent d'entre eux montre les débris de l'avion de l'aéronavale américaine projetés dans toutes les directions devant des spectateurs attentifs. Vétéran de 11 visites royales, James a joint le *Star* en 1933.

● feature photo **1966** photographie de reportage ●

David Paterson

Vancouver Province

Cette photo primée montrant Beverly McPhee se pratiquant pour la finale de Colombie-britannique en nage artistique pourrait avoir été la première du genre. Le sujet de la tête virevoltante a été repris plusieurs fois depuis mais l'original de Paterson conserve touche sa fraîcheur.

This winning photo showing Beverly McPhee practising for the British Columbia synchronized swimming finals may well be the first time a photo of this genre was taken. The head swirl has been copied many times since, but David Paterson's original remains as fresh as ever.

● spot news photo **1967** photographie d'actualité ●

Sean Browne
Toronto Telegram

Irish-born Sean Browne worked as a reporter/ photographer in Europe and Africa before joining the *Telegram*.

Browne's dramatic shot of two Northview Heights Collegiate students lying unconscious after their helium-filled balloon touched an overhead high-tension wire sent parents a disturbing message about the safety of some extra-curricular activities.

Originaire d'Irlande, Sean Browne a oeuvré comme journaliste-photographe en Europe et en Afrique avant de joindre les rangs du *Telegram*.

Cette scène dramatique de deux étudiants du Northview Heights Collegiate inconscients après que leur ballon à l'hélium eut touché un fil à haute tension laisse un message troublant aux parents par rapport à la sécurité entourant les activités parascolaires.

● feature photo **1967** photographie de reportage ●

Reg Innell

Toronto Star

Vétéran de l'armée britannique, Reg Innell a été pigiste à London et à Toronto après la guerre avant d'être embauché au *Star*.

La petite Catherine Everson, deux ans, a quelque difficulté à retrouver son père lors de la graduation de cette classe au Collège de la police de Toronto. Innell était au bon endroit pour capter cette recherche impromptue.

A veteran of the British Army, Reg Innell free-lanced in London and Toronto after WWII before joining the *Star*.

Two-year-old Catherine Everson was having a problem finding her dad in an impromptu search of a Toronto Police College graduation class and Innell was on hand to record her special moment.

Ernie Lee

London Free Press

There wasn't any problem designating Ernie Lee's photo of a train crash to an NNA category — it was the epitome of spot news.

On its inaugural run, the CN turbo-train from Toronto to Montreal smashed through a transport trailer at Kingston, sending debris in all directions. Lee, in the observation dome on the last car, ignored warnings to "Duck!" and instinctively fired off three frames. Amazingly, no one was killed.

Il n'y a eu aucun problème dans le choix de la bonne catégorie pour cette photo d'un accident de train, c'est la quintessence même d'une photo d'actualité.

Lors de son trajet inaugural sur la liaison Toronto-Montréal, le turbo-train du CN a violemment heurté une remorque à Kingston, projetant des débris dans toutes les directions. Posté à la fin du train dans le dôme d'observation, Lee a ignoré les appels à se coucher par terre; il a eu le temps de prendre trois clichés. De façon surprenante, personne n'a été tué.

● feature photo **1968** photographie de reportage ●

Boris Spremo
Toronto Star

The third NNA with one more to come. Boris Spremo took chances to get this one. Perched outside the 48th-floor window of a bank building, Spremo captured an ironworker kneeling precariously on a column ready to connect a beam 46 storeys above the street below.

An exercise in precision by both the ironworker and the photographer.

Un troisième prix du CCJ avec un autre à venir pour Boris Spremo. Il a pris des risques pour ce cliché en se perchant à l'extérieur d'une fenêtre au 48e étage d'un gratte-ciel. Un monteur de structure se maintient de façon précaire sur le bout d'une colonne afin d'y arrimer une poutre, 46 étages au-dessus de la rue.

Un exercice de précision autant pour l'ouvrier que pour le photographe.

● spot news photo **1969** photographie d'actualité ●

Tibor Kolley
Globe and Mail

After his graduation from Ryerson, Tibor Kolley became a specialist in sports photography.

A native of Hungary, Kolley's winning photo is an eye-grabber, showing the intensity of motorcyclist Jerry Franz trying desperately to regain control after crashing into a fence and sending fans running for cover.

Après avoir fait Ryerson, Tibor Kolley, originaire de Hongrie, s'est spécialisé dans la photographie sportive.

Cette photo attire l'attention avec un motocycliste, Jerry Franz, cherchant désespérément à reprendre le contrôle de son engin après avoir foncé sur une clôture, forçant les amateurs à trouver un lieu sûr.

● feature photo **1969** photographie de reportage ●

Peter Bregg
Canadian Press/Presse canadienne

P eter Bregg's most publicized picture didn't win an NNA. It was of a young Pierre Trudeau in 1968, pretending to hang himself with his tie at the National Press Club — that's how stiff the NNA competition has been over the years.

But Bregg did win for a humorous shot of a visiting English bobby to the National Art Gallery in Ottawa. The Paul Peel nude seemed to strike a chord with the normally somber police officer.

L a photo la plus connue de Peter Bregg n'a pas gagné de prix au CCJ. Elle montre un Pierre Trudeau, plus jeune en 1968, faisant semblant de se pendre avec sa cravate au Cercle national de la presse. Une indication de la dure concurrence au CCJ au fil des ans.

Bregg a gagné avec une photo pleine d'humour d'un bobby anglais en visite au Musée national des arts, à Ottawa. Le nu de Paul Peel fait un contraste saisissant avec la tenue sombre du policier.

● spot news photo **1970** photographie d'actualité ●

Franz Maier

Globe and Mail

Austrian-born Franz Maier has made his mark on both sides of the ocean. Besides capturing an NNA, he has also won a British Press *Picture of the Year*.

His NNA winner shows the dousing of an Edmund Burke Society member by Chicago Seven lawyer William Kunstler during a University of Toronto appearance.

Né en Autriche, Franz Maier a fait sa marque des deux côtés de l'océan. Avant d'obtenir un prix du CCJ, il avait déjà remporté le titre de *Photo de l'année* de la presse britannique.

Sa photo gagnante au CCJ montre l'arrosage d'un membre de la Edmund Burke Society par l'avocat des sept de Chicago, William Kunstler, lors d'une allocution à l'Université de Toronto.

● feature photo **1970** photographie de reportage ●

Glenn Baglo
Vancouver Sun

Glenn Baglo paid for a correspondence course in photography with the tips he made as a bus-boy for the British Columbia Ferry Authority — a good investment.

His first NNA captured the desolation of an elderly woman, crippled through age, unable to get into a faith healing meeting.

Glenn Baglo s'est payé un cours de photographie par correspondance avec les pourboires obtenus comme aide-serveur à la Commission des traversiers de Colombie-britannique, un bon investissement.

Son premier prix du CCJ montre la peine d'une dame âgée, handicapée par l'âge, incapable d'entrer à une assemblée de guérison par la foi.

● spot news photo **1971** photographie d'actualité ●

Doug Griffin

Toronto Star

The embarrassment of it all for the host, former prime minister Pierre Trudeau; and *Toronto Star* shooter Doug Griffin was there to record all the ugliness surrounding an attack by a protester on Soviet Premier Alexei Kosygin during a visit to Parliament Hill.

His exclusive picture was given front-page prominence around the world and also won Canadian Press *Photo of the Year*. Griffin was hired on at the *Star* in 1944, and covered a number of Royal tours, going back to when Elizabeth II was a princess.

Tout un embarras pour le premier ministre Pierre Trudeau. Et Doug Griffin, du *Toronto Star*, était là pour capter cette scène gênante après qu'un manifestant s'en soit pris au premier ministre soviétique Alexei Kosygin pendant une visite de la Colline parlementaire.

Cette photo exclusive a fait la une à travers le monde et elle a obtenu le titre de *Photo de l'année par la Presse canadienne*. Griffen a été embauché au *Star* en 1944. Il a couvert plusieurs visites royales, même du temps où la reine Elizabeth II était princesse.

● feature photo 1971 photographie de reportage ●

Glenn Baglo
Vancouver Sun

A substantial number of baby-boomers, now leading so-called normal lives, know that only by the grace of God they could have been the subject of this revealing photo.

The '60s and the early '70s marked the era of the *beautiful people*, and for his second national winner, Glenn Baglo captured this portrait of a hippie family while on assignment for a nude sun-bathing story.

P lusieurs babyboomers, faisant maintenant une vie dite normale, savent que par la grâce de Dieu, ils auraient pu être les sujets de ce cliché révélateur. Les années 60 et 70 furent caractérisées par les "beautiful people".

Pour son second prix national, Glenn Baglo a immortalisé cette famille hippie pour un reportage sur le nudisme de plage.

● spot news photo **1972** photographie d'actualité ●

Frank Lennon

Toronto Star

Frank Lennon's photo of Paul Henderson celebrating the Summit Series-winning goal against a Russian team that everyone in Canada under-estimated is probably the most recognized image in Canadian photojournalism over the last five decades.

Lennon, who joined the *Star* photo staff in 1962, has had an illustrious career, but all his fine work is over-shadowed by that one frame that told the whole story of the goal that saved Canada's hockey dignity.

Cette photo de Frank Lennon montrant Paul Henderson célébrant son but victorieux lors de la Série du siècle contre l'équipe soviétique, sous-estimée par tous au Canada, est sans doute le cliché le plus connu des 50 dernières années de photoreportage.

Avec le *Star* depuis 1962, Lennon a eu une carrière illustre mais même ses meilleures photos ne valent pas le cliché révélant comment un but a sauvé la dignité du Canada au hockey.

● feature photo **1972** photographie de reportage ●

Jack Burnett
London Free Press

J ack Burnett was one of those fine RCAF photographers who left the military to pursue a career in newspapers.

Burnett joined the *Free Press* in 1945 and went on to manage the photography and engraving departments. His winning entry, a Kodilith-type image (high-contrast film) that was popular in the '70s, took several evenings to capture, since the birds who appear leaf-like weren't always co-operative.

J ack Burnett a été l'un de ces très bons photographes de l'Aviation royale canadienne qui ont quitté l'armée pour poursuivre leur carrière dans les journaux.

Burnett a joint les rangs du *Free Press* en 1945 pour prendre la direction du département de gravure et de photographie. Sa photo gagnante, sur pellicule à fort contraste, très populaire à l'époque, a nécessité quelques soirées pour sa réussite puisque les oiseaux qui simulent le feuillage n'étaient pas du genre coopératif.

● spot news photo **1973** photographie d'actualité ●

Don Dutton

Toronto Star

Kerry McIntyre

Canadian Press/Presse canadienne

— photo by Don Dutton, above, and Kerry McIntyre, below

During a horrific bomb explosion in Kenora, two photographers walked away from the scene with an NNA winner — the first tie in the history of the awards.

The *Star's* Don Dutton and an ad salesman for the *Kenora Calendar*, Kerry McIntyre, recorded a dramatic scene taken nano-seconds after a bank robber blew himself up. Both pictures show a police officer looking for someone to aid his wounded comrade.

Deux photographes ont quitté la scène d'une stupéfiante explosion de bombe à Kenora avec le cliché gagnant du CCJ, la première égalité de l'histoire du concours.

Don Dutton, du *Star*, et Kerry McIntyre, publicitaire du *Kenora Calendar*, ont photographié la même scène quelques nano-secondes après qu'un voleur de banque se soit fait sauter. Les deux clichés montrent un policier cherchant de l'aide pour un collègue blessé.

● feature photo **1973** photographie de reportage ●

Rod MacIvor

United Press International/Ottawa Bureau

Rod MacIvor a appris son métier à Ryerson, à Toronto, mais il l'a surtout exercé à Ottawa. En marge de son excellente couverture des activités de la Colline parlementaire, il a été le premier tuteur de Margaret (Trudeau) Kemper en photographie.

Cette photo de Pierre Trudeau avec son fils aîné Justin sous le bras constitue un petit bijou démontrant l'attitude décontractée du premier ministre.

Celui-ci venait de traverser l'avenue Sussex qui sépare sa résidence officielle de celle du gouverneur général (Rideau Hall) pour y rejoindre un groupe de leaders mondiaux.

Rod MacIvor learned his trade at Ryerson in Toronto, but has spent most of his career in Ottawa. Besides his excellent coverage of life on the Hill, he also was the first to tutor Margaret (Trudeau) Kemper in photography.

MacIvor's photo of Trudeau and his oldest son Justin, under arm, is a gem that shows the casualness of the former prime minister.

The PM had just dashed across the street from his Sussex Drive home to join a group of world leaders for dinner at Rideau Hall, the official home of the Gov.-Gen.

● spot news photo **1974** photographie d'actualité ●

Don Dutton

Toronto Star

No words could describe the sorrow that a small boy felt seeing his dad, a murdered police officer, being carried to his grave. Don Dutton's image said it all and more.

The photo, taken in Moncton where the boy's father along with another officer were killed, gave Dutton back-to-back spot news awards.

Nul terme ne peut décrire la peine qu'un petit garçon ressent en voyant son père, un policier tué en devoir, porter en terre. La photo de Don Dutton l'exprime bien et plus encore.

Cette cliché pris à Moncton, lieu du meurtre ainsi que de celui d'un autre policier, a valu à Dutton un second prix d'affilée du CCJ en photo d'actualité.

● feature photo **1974** photographie de reportage ●

Doug Ball
Canadian Press/Presse canadienne

One wonders what would have happened if Robert Stanfield had caught the football. The former Tory leader was running a well-planned federal campaign on economic issues, and then, darn — one frame from the camera of Doug Ball and the fumbling of a football became the symbol of Stanfield's failing bid for power.

Ball worked for UPI and CP in Ottawa, with a break down under with the *Melbourne Herald-Sun* before returning to CP in 1971.

Certains se demandent encore ce qui serait arrivé si Robert Stanfield avait attrapé ce ballon de football. Le chef des conservateurs dirigeait une campagne électorale bien planifiée, basée sur l'économie, quand patatras!, un cliché de Doug Ball, et la perte du ballon est devenue le symbole même de la tentative avortée de Stanfield de prendre le pouvoir.

Ball a oeuvré pour UPI et la PC à Ottawa avec une échappée aux antipodes pour le *Melbourne Herald-Sun* avant de revenir à la PC en 1971.

● spot news photo **1975** photographie d'actualité ●

Stephen Liard

Toronto Star

S tephen Liard was a photo arts student at Ryerson and a freelance contributor to the *Star* when he photographed this horrific combo of a fatal jump.

The sequence shows a 46-year-old woman struggling with the twisted lines of her parachute and then plunging to her death. The 2,000-foot fall was Mary Ross's 108th jump.

S tephen Liard était étudiant en art photographique à Ryerson et pigiste pour le *Star* quand il a pris ce duo de photos d'un saut mortel.

La séquence montre une femme de 46 ans se débattant avec le cordage emmêlé de son parachute, puis son plongeon vers la mort. La chute de 2000 pieds constituait le 108e saut de Mary Ross.

● feature photo **1975** photographie de reportage ●

Welcome to The Montreal International Dog Show.

Tedd Church
Montreal Gazette

The Americans were pulling out of Vietnam and UPI Asian picture chief Bob Carroll called the *Gazette*'s Tedd Church for an offbeat shot that could bring a smile to the faces of the retreating military force. Church sent him the pic on this page and it ran as the cover of *Stars and Stripes*.

Church's hilarious and perfectly-framed image of a dog-show contestant answering the call of nature was the first of his two NNAs.

Les Américains étaient en train de se retirer du Vietnam quand Bob Carroll, directeur photo de UPI en Asie, a appelé Tedd Church, de la *Gazette* de Montréal, pour une photo de son cru qui ferait sourire les soldats en déroute. Church lui expédia cette photo qui fit la une du *Stars and Stripes*.

Cette image hilarante et parfaitement cadrée d'un participant au salon canin, répondant à l'appel de la nature, lui a valu le premier de ses deux prix du CCJ.

● spot news photo **1976** photographie d'actualité ●

Russell Mant

Canadian Press/Presse canadienne

Another great export from Australia, Russell Mant joined Canadian Press in 1971 after working for the Mirror Newspaper chain in Sydney.

Mant's spot news winner shows a tight-lipped agriculture minister Eugene Whelan showered by milk hurled by angry dairy farmers on Parliament Hill.

Une autre grande importation d'Australie, Russell Mant, s'est joint à la Presse canadienne en 1971 après avoir travaillé pour la chaîne de journaux Mirror à Sydney.

Son cliché montre le ministre de l'Agriculture, Eugene Whelan, éclaboussé de lait par des cultivateurs en colère sur la Colline parlementaire.

● feature photo **1976** photographie de reportage ●

Allan Leishman
Montreal Star

Un trompettiste isolé, sa silhouette contrastant avec le ciel du toit ouvrant du tout nouveau Stade olympique de Montréal, a symbolisé la tenue du premier événement de sport professionnel à se tenir là.

À l'époque, Allan Leishman, embauché en 1955 par le Montreal Star, y était photographe senior.

A single trumpeter, silhouetted against the open roof of the new Olympic Stadium in Montreal, marked the first professional sports event there.

At the time of his award, Allan Leishman was the senior photographer at the *Montreal Star* where he started in 1955.

● spot news photo **1977** photographie d'actualité ●

Doug Ball

Canadian Press/Presse canadienne

Politicians have been good to Doug Ball. They are the main focus of his two NNAs. First it was Robert Stanfield in 1974, then a PM's pirouette did the trick for him in 1977.

It was both challenging and hectic for a photographer to be assigned a Pierre Trudeau function. Forever unpredictable, as seen here, the former prime minister twirls behind the back of Queen Elizabeth II at Buckingham Palace.

Les politiciens ont été bons pour Doug Ball, ayant été le sujet principal de ses deux prix du CCJ. Ce fut d'abord Robert Stanfield en 1974 puis cette pirouette du premier ministre en 1977.

C'était à la fois trépidant et un défi pour un photographe d'être affecté à la couverture de Pierre Trudeau. Ici, toujours imprévisible, le premier ministre effectue un pas de danse dans le dos de la Reine Elizabeth II à Buckingham Palace.

● feature photo **1977** photographie de reportage ●

Boris Spremo
Toronto Star

L'histoire veut que Boris Spremo eut quelque difficulté à faire publier cette photo de l'ex-premier ministre John Diefenbaker dans son journal. Elle est finalement parue dans la section du Courrier des lecteurs.

Le cliché de Diefenbaker étendu sur une chaise de plage à la Barbade, rédigeant ses mémoires, a valu pourtant un quatrième prix du CCJ à Spremo, un fait sans précédent pour un photographe de presse au Canada.

The story goes that Boris Spremo had problems getting this photo of former prime minister John Diefenbaker into the newspaper. It ended up in the *Letters to Editor* feature.

The photo of Diefenbaker stretched on a beach chair in the Barbados while working on his memoirs garnered the fourth NNA for Spremo — an unprecedented accomplishment for a Canadian photojournalist.

● spot news photo **1978** photographie d'actualité ●

John Colville

Calgary Herald

John Colville took the advice of race officials and positioned himself at a critical point of the course during the Canadian downhill championships at Lake Louise .

Scott Finlay, going flat-out, misinterpreted the course and lost control. The young skier crashed into a cluster of trees and was left paralyzed. Colville recorded the tragedy with the help of a motor-drive.

John Colville a consulté les organisateurs avant de se poster au point critique de la descente en ski au Championnat canadien à Lac Louise.

Scott Finlay, arrivant à toute allure, a mal interprété le parcours et a perdu tout contrôle. Le jeune skieur est entré dans un bosquet d'arbres et est demeuré paralysé depuis. Colville a photographié le tout avec un appareil motorisé.

● feature photo **1978** photographie de reportage ●

Hugh MacKenzie
Ottawa Citizen

The picture editor of an Ottawa university campus newspaper outdid the professionals in 1978 with a mad-cap pic of engineers posing for their class photo.

The smiling students had no knowledge of the pending dousing — that accounts for the smiling faces. The photo also made it into *Life* magazine and was Canadian Press *Feature Photo of the Year*.

L'éditeur-photo du journal étudiant d'une université d'Ottawa a dépassé les professionnels en 1978 avec cette malicieuse photo d'ingénieurs posant pour leur album de classe.

Tout sourire, les étudiants ignoraient complètement ce qui allait leur tomber sur la tête. Ce cliché fit aussi le magazine Life et fut primée *Photo de l'année par la Presse canadienne*.

● spot news photo **1979** photographie d'actualité ●

Bill Sandford

Toronto Sun

Bill Sandford was one of the first photographers to reach the scene of the infamous train derailment in Mississauga.

In harm's way, Sandford held his ground until he was able to get the frame (on Ektachrome slide film) that summarized the peril of the inferno engulfing the area around the crash. A leak in a rail car carrying a toxic product forced most of Mississauga to evacuate. Sandford stuck close to the developing story, going 40 hours without sleep.

Bill Sandford a été l'un des premiers photographes à se rendre sur le site du tristement célèbre déraillement de train de Mississauga.

Posté dangereusement, il a tenu le coup pour avoir ce cliché (sur pellicule diapositive Ektachrome), résumant l'enfer qui a déferlé sur toute la zone de l'accident. La fuite d'un produit toxique d'un wagon-citerne a forcé l'évacuation de presque tout Mississauga. Sandford est resté sur les lieux, passant 40 heures sans dormir.

● feature photo **1979** photographie de reportage ●

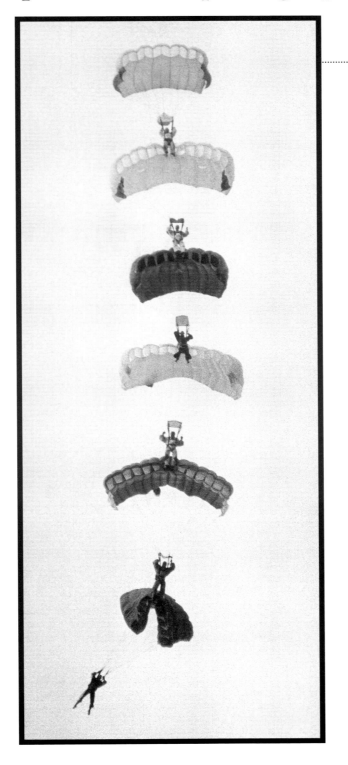

Bill Keay

Vancouver Sun

This optical illusion of parachutists apparently standing on each other's canopies was captured with only a 100-mm lens.

Alberta-native Bill Keay, a journalism graduate of Southern Alberta Institute of Technology, joined the *Vancouver Sun* in 1975.

C'est avec seulement un objectif de 100mm que Bill Keay, originaire de l'Alberta, a réussi cette illusion d'optique de parachutistes qu'on croit se tenir debout chacun sur le parachute de leur collègue d'en-dessous.

Keay, diplômé en journalisme de l'Institut de technologie de l'Alberta du sud, a été embauché au *Vancouver Sun* en 1975.

● spot news photo **1980** photographie d'actualité ●

Dick Wallace

London Free Press

A gripping shot of a young man holding police at bay by threatening suicide was a lock for the 1980 spot news category.

Dick Wallace, a former president of the Ontario News Photographers Association and teacher of photography for the Masters program at the University of Western Ontario, arrived on the scene to witness police negotiators talk the man into surrendering.

U n cliché poignant d'un jeune homme tenant les policiers en respect en menaçant de se suicider a été une évidence en 1980 pour la photographie d'actualité.

Ex-président de l'Association des photographes de presse de l'Ontario et professeur de photographie au niveau maîtrise à l'Université Western Ontario, Dick Wallace est arrivé sur place au moment où les négociateurs policiers demandaient au désespéré de se rendre.

● feature photo **1980** photographie de reportage ●

Peter Martin

United Press Canada

I n early morning, Peter Martin captured the silhouette of a one-legged, curly-headed runner in sweat shorts. The human form, back-lit by a car's headlights, is easily recognized as Terry Fox — a true Canadian hero.

Martin guessed at the exposure: A 300-mm lens stopped down to f4.5, and shot at 1/125 of second with Tri-X film rated at 1600ASA.

T ôt le matin, Peter Martin surprit une silhouette unijambiste aux cheveux frisés et en short d'exercice. La forme humaine, dessinée par les phares d'une automobile, se reconnaît facilement, il s'agit de Terry Fox, un véritable héros canadien.

Martin a fait ses réglages d'instinct: Un objectif de 300mm à f4.5, ouverture à 1/125e de seconde sur pellicule Tri-X à 1600 ASA.

● spot news photo **1981** photographie d'actualité ●

Larry MacDougal

Ottawa Citizen

E very long lens in his bag — that's how Larry MacDougal won the first of his three NNAs. In documenting the fate of a stranded dog on an Ottawa River ice floe, MacDougal used his 200mm, 400mm and 500mm lenses to record the dramatic canine rescue.

U n assortiment d'objectifs à grande distance focale dans son sac a permis à Larry Mac-Dougal de remporter le premier de ses trois prix du CCJ. Pour raconter le sauvetage d'un chien perdu sur un glaçon flottant sur la rivière des Outaouais, MacDougal a employé des objectifs de 200mm, 400mm et 500mm.

● feature photo **1981** photographie de reportage ●

Tedd Church
Montreal Gazette

Un étalon peu craintif attend patiemment son cavalier à côté d'une toilette "itinérante", là où Tedd Church se trouvait lui-même photographe "itinérant". Ce cliché amusant fut pris lors d'un spectacle équestre où Church cherchait à faire une photo de son cru. Son premier prix du CCJ en 1975 mettait aussi en scène un animal.

A trusty steed waits patiently for his rider outside a Johnny-on-the-spot where the *Gazette*'s Tedd Church was photographer-on-the-spot. This amusing photo was taken at a horse show where Church was searching for off-beat art. His first NNA in 1975 also had an animal as its subject.

● spot news photo **1982** photographie d'actualité ●

Robert Taylor

Edmonton Sun

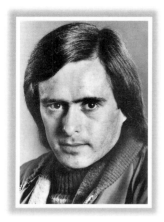

In a dramatic stand-off involving hostages, Robert Taylor positioned himself to have a clean shot of the action. Consequently, he was in the perfect place to record the release of Eva Pocklington, who was held captive with her husband.

Peter Pocklington, a prominent businessman best known for his acquisition of Wayne Gretzky and his ownership of the Edmonton Oilers, was shot by one of the hostage takers, but recovered in hospital.

Lors d'un siège dramatique avec otages, Robert Taylor s'est posté pour avoir une vue directe de la scène. Par le fait même, il était au meilleur endroit pour photographier la libération de Mme Peter Pocklington, prise en otage avec son mari, l'homme d'affaires propriétaire des Oilers d'Edmonton et célèbre pour l'acquisition de Wayne Gretzky. Pocklington a été tiré par l'un des ravisseurs mais a pu être soigné à l'hôpital.

● feature photo **1982** photographie de reportage ●

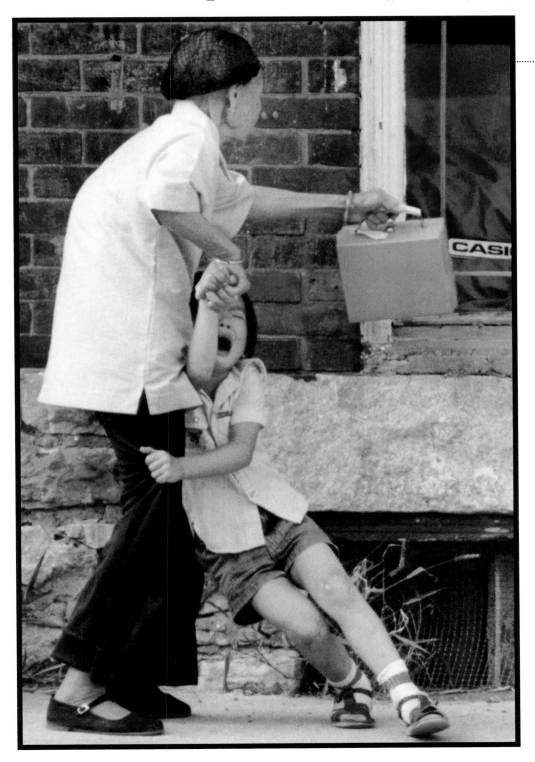

Bruno Schlumberger
Ottawa Citizen

The French-born Bruno Schlumberger was a graduate of Ryerson in 1981 and an NNA winner in 1982 — no holding back true talent. Having the ability to recognize a developing shot, Schlumberger was in position to record a grandmother attempting to get her reluctant grandson to his first day of school. The resulting image is delightful.

Né en France, Bruno Schlumberger a été diplômé de Ryerson en 1981, et a remporté un prix du CCJ en 1982: On ne retient pas un véritable talent.

Ayant le flair pour reconnaître tout le potentiel d'une situation, Schlumberger a repéré une grand-mère menant difficilement son petit-fils à son premier jour de classe. Tout ça pour un superbe cliché!

● spot news photo **1983** photographie d'actualité ●

Chris Mikula
Ottawa Citizen

The last laugh was on former Finance Minister Marc Lalonde, who unintentionally displayed portions of his 1983 budget during a pre-budget photo session.

Chris Mikula, a graduate of Algonquin College, captured television cameramen filming the minister's budget while Lalonde howled and kibbitzed with the scrum. The revelations of the minister's *faux pas* caused a political storm over the privacy and protection of a pending budget.

Un dernier rire pour le ministre des Finances Marc Lalonde qui a révélé malgré lui des extraits de son budget de 1983 pendant une session de photo préalable à sa présentation.

Diplômé du Collège Algonquin, Chris Mikula a surpris un caméraman-télé filmant des documents du budget pendant que le ministre amusait la galerie. Le faux-pas du ministre a provoqué toute une tempête politique sur le secret entourant un budget à être présenté.

● feature photo **1983** photographie de reportage ●

Veronica Henri

Toronto Sun

Une pose classique, "juxtaposant l'homme et la machine" a écrit l'un des membres du jury à propos de cette photo de Veronica Henri, la première femme à remporter un prix du CCJ en photographie.

Elle a pris ce cliché pendant une visite de la base des Forces armées canadiennes de Lahr, en Allemagne, aujourd'hui fermée. Ont été juxtaposés le tristement célèbre CF-104 *Starfighter*, surnommé par certain le "faiseur de veuve," et le chef de l'escadrille Tiger sur sa bicyclette.

A "classic shot juxtaposing man and machine" was a judge's comments about Veronica Henri's winning photo. She was the first woman to win a NNA for photography.

Henri took this photo while visiting the now-defunct Canadian Forces Base in Lahr, Germany. The components of this image are the infamous CF-104 *Starfighter*, sometimes slammed in the media as the "widow-maker," and the leader of the Tiger Squadron on his bicycle.

● spot news photo **1984** photographie d'actualité ●

Guy Shulhan

Calgary Herald

Guy Shulhan, an engineer for Dome Petroleum and passenger on the doomed PWA flight 501, turned around after escaping from the burning aircraft and snapped this arresting image of two fellow passengers helping a third out of harm's way on the Calgary Airport tarmac.

Guy Shulhan, ingénieur pour Dome Petroleum et passager du malheureux vol 501 de la PWA, était resté sur la piste de l'aéroport de Calgary après s'être échappé de l'avion en flammes. Il a pu prendre ce cliché de deux autres passagers transportant en lieu sûr un blessé.

● feature photo **1984** photographie de reportage ●

David Lazarowych
Calgary Herald

Qu'y a-t-il d'incorrect dans cette photo? Absolument rien. Mais il est quand même rare de voir à un hippodrome une ballerine en tutu faire des pointes et encourager le cheval sur lequel elle a parié. Mais elle était là, repéré rapidement par le regard acéré de David Lazarowych, appareil-photo en main.

What's wrong with this picture? Absolutely nothing. But it's not every day that one sees a ballerina in full regalia on tip-toes, urging her bet on at a horse race.

But there she was, with tickets in hand, and hawk-eyed David Lazarowych nearby with camera in hand.

● spot news photo **1985** photographie d'actualité ●

Ralph Bower

Vancouver Sun

I n this 50-year collection, this picture is one of the most graphic in showing the dark side of man.

Ralph Bower almost got caught up in accountancy, but took temporary work at the *Vancouver Sun* in 1954, and his life-direction changed. His photo of a distraught father holding his two-year-old son from a third-floor window also won Canadian Press *Photo of the Year*. The child was released unharmed.

C ette photo représente l'esquisse la plus précise de cet album du côté sombre de l'humain.

Ralph Bower avait presque opté pour la comptabilité quand il a pris un emploi temporaire au *Vancouver Sun* en 1955 et sa vie en fut changée à jamais. Ce cliché d'un père dément, tenant d'un troisième étage son enfant de deux ans, lui a aussi valu le titre de *Photo de l'année par la Presse canadienne*. L'enfant a été récupéré sain et sauf.

● feature photo **1985** photographie de reportage ●

Gerry Bookhout

Kitchener-Waterloo Record

Cette admirable et sereine photo de jeunes filles mennonites se balançant dans une cour d'école rurale sur fond de nuages épars rend compte du sens artistique de Gerry Bookhout en photographie.

Bookhout a payé 5$ son premier appareil-photo à l'âge de 10 ans. Il a joint les rangs du Record en 1955.

A wonderful, feel-good photo of Mennonite girls playing on a swing in a rural school yard, complemented by a brilliant array of cloud cover, is a tribute to Gerry Bookhout's artistic approach to photography.

Bookhout bought his first camera for $5, when he was 10, and went on to join the *Record* in 1955.

● spot news photo **1986** photographie d'actualité ●

Michael Peake

Toronto Sun

During a routine shoot, an 800-lb. Siberian tiger lunged at the tiny fashion model. *Toronto Sun* photographer Michael Peake had four options: Drop his cameras and help pull the animal off, run for help, run for his own safety, or just keep shooting.

The evidence of Peake's instinctive decision is on this page. The model, although shaken, wasn't hurt.

Pendant une séance routinière de photo, un tigre de Sibérie de 800 livres a fait un brusque mouvement vers le délicat mannequin de mode. Michael Peake, du *Toronto Sun*, avait quatre choix: Tout laisser tomber pour aider à maîtriser l'animal, se sauver, demander du secours ou tout simplement poursuivre son travail.

Le bon choix instinctif de Peake apparaît sur cette page. Le mannequin, quoiqu'ébranlé, n'a pas été blessé.

● feature photo **1986** photographie de reportage ●

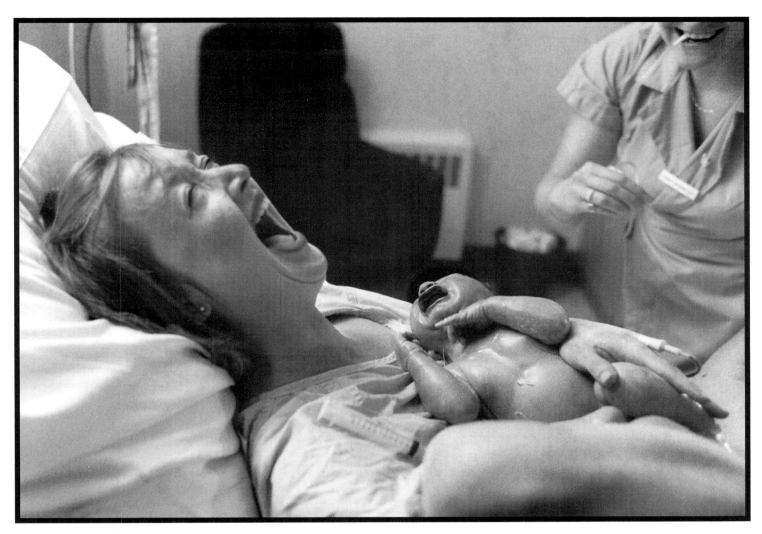

Keith Beaty

Toronto Star

Non, ni la mère, ni l'enfant ne souffrent. Le nouveau-né exerce ses poumons tout neufs pendant que sa mère est prise d'un fou rire incontrôlable, son mari s'étant évanoui après l'accouchement. Cet instant rare a été immortalisé par le photographe vétéran du *Star*, Keith Beaty.

No, both mother and child aren't in pain. The newborn is exercising his tiny lungs in their new environment, and the mother is head-over-heels in laughter after her husband had passed out by his wife's stretcher moments after the birth.

The treasured moment was caught on film by veteran *Star* photographer Keith Beaty.

● spot news photo **1987** photographie d'actualité ●

Les Bazso

Vancouver Province

Les Bazso caught the critical moment of a hostage stand-off on a single frame of film that contained all the relevant action: A Vancouver SWAT member carries a baby hostage to safety; another officer restrains the hostage-taker; a fellow officer walks away with the arrested man's weapon, and his partner trains his gun on the alleged felon.

Les Bazso a toute l'action essentielle de cette prise d'otages dans un seul cliché: Un membre du SWAT de Vancouver porte en sécurité le bébé pris en otage, un autre policier maîtrise le preneur d'otages, un troisième s'occupe de l'arme du suspect et un dernier tient en joue un présumé complice.

● feature photo **1987** photographie de reportage ●

Bruno Schlumberger
Ottawa Citizen

The second of Bruno Schlumberger's NNAs shows the silhouette of a platoon of soldiers on a simulated forced march. The men are actually actors and were shooting a scene for a National War Museum documentary.

The judges were attracted to the image because of the serene mood it conveyed.

La seconde photo de Bruno Schlumberger qui a remporté un prix du CCJ montre en silhouette une patrouille de soldats simulant une marche forcée. Il s'agissait de comédiens tournant une scène d'un documentaire pour le Musée national de la guerre.

Le jury a été impressionné par le ton relativement paisible de cette image.

● spot news photo **1988** photographie d'actualité ●

Rick MacWilliam

Edmonton Journal

Rick MacWilliam's image of a four-year-old boy being carried out of a burning house also won Canadian Press *Photo of the Year*.

Another boy was also rescued. Both youngsters were treated for minor smoke inhalation and released.

Ce cliché de Rick MacWilliam d'un garçon de quatre ans transporté à l'extérieur de sa maison en feu a aussi remporté le titre de *Photo de l'année de la Presse canadienne*.

Un autre garçon a aussi été sauvé. Les deux enfants ont été soignés pour avoir respiré de la fumée et ils ont pu quitter l'hôpital.

● feature photo **1988** photographie de reportage ●

Rick Eglinton

Toronto Star

Ce premier des deux prix du CCJ remportés par Rick Eglinton évoque "une vibrante et chaleureuse histoire" selon le jury. Eglinton a capté ce vol en formation d'oies du Canada en compagnie d'un ultraléger en étant lui-même dans une pose précaire sur un autre ultraléger.

The first of Rick Eglinton's two NNAs, according to the judges, "Tells a warm and interesting story."

Eglinton took his picture of Canada geese flying in formation with an ultralight from his "precarious position" in another ultralight aircraft.

● sports photo **1988** photographie de sport ●

Stan Behal

Toronto Sun

He took a nation to the highest heights, and a day later, to the lowest of lows — Ben Johnson. A whole country muttered to itself "Say it isn't so, Ben." But it was so, and the image that Stan Behal recorded at the 1988 Seoul Olympics in the 100 metres of Johnson blowing past his nemesis Carl Lewis and wagging his finger into the air is just a sad reminder of a drug-tainted performance that broke the hearts of millions.

Behal, a veteran photographer, has established his worth at a number of Olympics in the past two decades.

Il a porté le pays à des hauteurs inégalées et une journée plus tard à des profondeurs sans fond: Ben Johnson. Toute une nation a pensé: "Dites que ce n'est pas Ben." Mais ce l'était et cette photo prise par Stan Behal lors du 100 mètres des Olympiques de 1988 à Séoul où l'on voit un Johnson le doigt en l'air triomphant de son éternel adversaire, Carl Lewis, n'est plus qu'un triste souvenir d'une performance dopée qui a brisé le coeur de millions de personnes.

Vétéran photographe, Behal s'est distingué depuis deux décennies par sa couverture des jeux olympiques.

● spot news photo **1989** photographie d'actualité ●

Allen McInnis
Montreal Gazette

This is the most disturbing photo in this collection. It shows a dead student slumped over a chair while an unidentified man takes down Christmas decorations.

The young woman was one of 14 female students who were killed by Marc Lepine at the University of Montreal. Allen McInnis managed to get the photo by scaling a wall with the help of some students and then shooting through a window. The *Gazette* ran the photo on Page One after a long, agonizing debate.

Il s'agit de la plus troublante photo de cet album. Elle montre une étudiante, décédée sur sa chaise, pendant que quelqu'un enlève des décorations de Noël.

Cette jeune femme fut l'une des 14 étudiantes victimes de Marc Lépine, à l'Université de Montréal. McInnis a pu prendre cette photo après avoir escaladé un mur avec l'aide d'étudiants pour ainsi faire son cliché à travers une fenêtre. *La Gazette* a publié la photo à la une après un long et interminable débat.

● feature photo **1989** photographie de reportage ●

Fred Thornhill

Toronto Sun

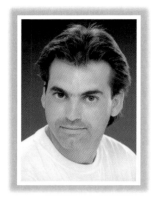

To young boys, each addicted to cocaine, are held captive in a tiny cell in Bolivia. This photo is only one of an amazing group of pictures taken by Fred Thornhill during a thrilling adventure with writer Michele Mandel, following the origins and distribution of cocaine from the jungles of Bolivia and Columbia to the streets of Toronto.

 The head of the jail said, if any pictures were taken, we'd be beaten with rifle butts

Fred Thornhill

Deux jeunes garçons cocaïnomanes sont détenus dans une toute petite cellule en Bolivie. Il s'agit d'une des stupéfiantes photos prises par Fred Thornhill lors d'une passionnante enquête en compagnie de l'écrivaine Michèle Mandel, sur les origines de la cocaïne, sa distribution à partir des jungles colombienne et bolivienne jusqu'aux rues de Toronto.

 Le directeur de la prison nous a avertis que si nous prenions des photos, nous serions battus à coups de crosse de fusil

Fred Thornhill

● sports photo **1989** photographie de sport ●

Larry MacDougal
Calgary Herald

A graphic image taken at the Calgary Stampede shows the potential dangers of bull riding.

With his world turned upside-down, this cowboy, unfortunately, is nose-to-nose with a raging bull. A great shot, taken by an excellent long-lens photographer, Larry MacDougal, for his second NNA.

U ne pittoresque image prise au Stampede de Calgary montre le danger potentiel du rodéo avec un taureau.

Tête en bas, ce cowboy se retrouve nez à nez avec un taureau enragé. Tout un cliché, pris par un maître de l'objectif à grande distance focale, Larry MacDougal, pour son deuxième prix du CCJ.

● spot news photo **1990** photographie d'actualité ●

Tim McKenna

Toronto Sun

I ndian activists held provincial and federal authorities at bay for close to three months at Oka, near Montreal, over a land dispute.

The Canadian Armed Forces were constantly on the end of angry treatment from the natives, and in most cases didn't take action. Tim McKenna covered the standoff for the *Toronto Sun* as a freelancer and caught this dramatic shot of a native woman shoving a soldier near a barbed-wire partition. McKenna was hired shortly after awards night.

D es militants autochtones ont résisté pendant trois mois à Oka, près de Montréal, aux autorités provinciale et fédérale à propos d'une querelle de territoire.

Les Forces armées canadiennes ont été constamment harcelées par les amérindiens, sans répliquer généralement. Tim McKenna a couvert les événements comme pigiste du *Toronto Sun* et a réussi ce dramatique cliché d'une amérindienne poussant un militaire dans les barbelés. McKenna a été embauché peu de temps après la soirée de remise des prix.

● feature photo **1990** photographie de reportage ●

Craig Robertson
Toronto Sun

Craig Robertson, sent to Kenya to gather art for a series on AIDS, was confronted with a government trying to downplay the country's affliction with the deadly disease. It wasn't until his final day in Kenya that he met up with a toddler and his sister with help from World Vision.

The young girl held her two-year-old brother, who was in constant pain and dying of AIDS, for Craig to document.

Dépêché au Kenya pour une série sur le sida, Craig Robertson a fait face à un gouvernement essayant de nier l'importance de cette maladie mortelle dans ce pays. C'est à sa dernière journée au Kenya qu'il a rencontré ce bambin et sa soeur avec l'aide de Vision mondiale.

À la demande de Craig, la jeune fille a tenu dans ses bras son frère, souffrant constamment et qui se meurt du sida.

● sports photo **1990** photographie de sport ●

Wayne Roper

Brantford Expositor

The *Expositor*'s Wayne Roper had two chances of winning an NNA in the 1990 judging. Besides the sports image of a curler using her broom like a machine-gun to ape shooting down an opposing rock, Roper was also nominated for spot news photography.

Wayne Roper a eu deux chances en 1990 de remporter un prix du CCJ. Il a aussi été finaliste dans la catégorie photographie d'actualité. Ici, une joueuse de curling prend son balai pour une mitraillette afin d'intercepter une pierre adverse.

● spot news photo **1991** photographie d'actualité ●

Nick Brancaccio arrived at a burning apartment building fully prepared for a rescue shot, when a trapped man desperate enough to jump from the inferno broke through a third-storey window.

The victim's legs got hooked on the window ledge, leaving his head hanging into the fire below. At that moment, Brancaccio quit shooting to help deploy a water hose.

Nick Brancaccio est arrivé sur les lieux d'un logis en flammes bien préparé à une scène de sauvetage quand, tout à coup, une victime, assez désespérée pour sauter, a fracassé une fenêtre du troisième étage.

Malheureusement, ses pieds sont restés accrochés au rebord de la fenêtre, laissant sa tête pendante dans les flammes. À ce moment, Brancaccio a tout laissé tomber pour aider à déployer une lance d'incendie.

Nick Brancaccio

Windsor Star

● feature photo **1991** photographie de reportage ●

John Lucas

Edmonton Journal

C ombos were popular a while back, but it's not very often that they are effective. Most editors and designers like to run one photo, and run it big for impact. But once in a while a combo works, as does John Lucas's series of kids swinging on a chain. A fun grouping.

I l fut une époque où les séquences photographiques ont été populaires mais il est rare qu'elles soient démonstratives. La plupart des pupitreurs préférent jouer une photo plus grosse afin d'en maximiser l'impact. Mais de temps à autre, une séquence s'impose comme ici avec un trio d'enfants se balançant sur une chaîne. Un regroupement amusant.

● sports photo **1991** photographie de sport ●

Barry Gray

Hamilton Spectator

Fred Thornhill

Toronto Sun

— photos by Barry Gray, above, and Fred Thornhill, below

Barry Gray and Fred Thornhill tied in the sports honours for their entries of the Twins' Dan Gladden trying to avoid a tag from Blue Jay Pat Borders. There was little to choose from for the judges. Both photographers captured the decisive moment at virtually the same time.

This was Thornhill's second NNA.

Barry Gray et Fred Thornhill ont terminé à égalité en catégorie sport avec cette photo de Dan Gladden, des Twins, essayant d'éviter d'être touché par Pat Borders, des Blue Jays. Il n'y avait rien à départager pour le jury, les deux photographes ayant capté le moment décisif virtuellement en même temps.

Un second prix du CCJ pour Thornhill.

● spot news photo **1992** photographie d'actualité ●

Pat McGrath

Ottawa Citizen

Pat McGrath's photo of Penni Rossiter, the widow of a slain police officer killed in 1991, blowing a kiss skyward during a ceremony on Parliament Hill, deservedly ran as main art on the front page of the *Ottawa Citizen*.

Rossiter, whose husband was shot behind a police station, said at the ceremony, "It's like a knife in my heart. It hurts like it was yesterday."

Cette photo de Pat McGrath montrant Penni Rossiter, veuve d'un policier assassiné, soufflant un baiser au ciel lors d'une cérémonie sur la Colline parlementaire, méritait d'être pleinement jouée à la une du *Ottawa Citizen*.

Le mari de Rossiter a été abattu derrière un poste de police. "C'est comme un couteau dans mon coeur. Ça fait mal comme si c'était hier", a-t-elle dit à la cérémonie.

● feature photo **1992** photographie de reportage ●

Andrew Stawicki
Toronto Star

I taly provided the backdrop for Andrew Stawicki's NNA photo showing an overwhelmed grandmother and her grandson visiting from Canada.

Stawicki is respected not only for work he does for the *Star*, but also for his many projects outside of work that focus on his love for photography.

L 'Italie a servi de toile de fond pour ce cliché d'Andrew Stawicki mettant en scène une grand-mère émue et son petits-fils arrivant du Canada pour une visite.

Stawicki est respecté non seulement pour son travail au *Star* mais aussi pour ses nombreux projets à l'extérieur qui mettent en valeur sa passion de la photographie.

● sports photo **1992** photographie de sport ●

Mike Cassese
Toronto Sun

Mike Cassese recorded the proof of an umpire's blown call when he caught the precise moment Toronto Blue Jays' Kelly Gruber tagged Deion Sanders for the completion of a World Series triple play in 1992. Bob Davidson didn't see it that way and awarded the Atlanta player second base.

This winning image is a definitive example of the importance of long-lens photography in the hands of a veteran shooter.

Mike Cassese a prouvé que l'arbitre avait erré lorsque Kelly Gruber, des Blue Jays, a touché Deion Sanders qui complétait un triple jeu lors des Séries mondiales de 1992. L'arbitre Bob Davidson a permis au joueur d'Atlanta de se rendre au deuxième coussin.

Ce cliché prouve réellement ce que peut faire un objectif à grande distance focale entre les mains d'un vétéran photographe.

● spot news photo **1993** photographie d'actualité ●

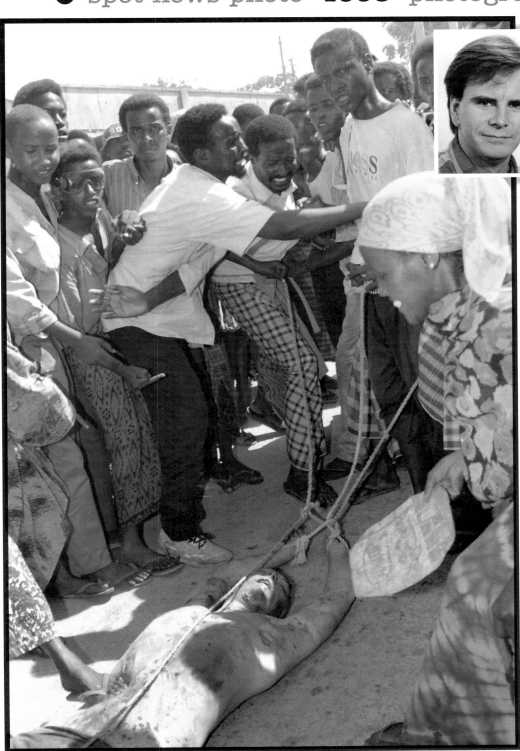

Paul Watson

Toronto Star

> There was brutality on both sides, and that's often lost in the debate. There were a lot of Somali bodies, women and children among them
>
> — Paul Watson

The *Star*'s African bureau chief's life is an accumulation of years living dangerously — but 1993 was especially dangerous for Paul Watson.

Although four of his colleagues were beaten to death, a shaken but undaunted Watson trooped on to record a disturbing photo of the corpse of an American pilot being dragged through the streets of Mogadishu, Somalia. Another frame of this poignant event shot by Watson won a *Pulitzer Prize*.

Le chef de l'antenne africaine du *Star* a multiplié les années de vie périlleuse mais 1993 fut particulièrement dangereuse pour lui. Même si quatre de ses collègues furent battus à mort, un Paul Watson ébranlé mais malgré tout déterminé descendit dans l'arène pour cette photo du cadavre d'un pilote américain traîné dans les rues de Mogadishu, en Somalie. Un autre cliché de la même séquence lui a valu un prix *Pulitzer*.

> De la brutalité, il y en avait des deux côtés. On l'oublie souvent dans le débat. Il y avait beaucoup de cadavres de Somaliens, dont des femmes et des enfants
>
> — Paul Watson

● feature photo **1993** photographie de reportage ●

Diana Nethercott

Hamilton Spectator

T he Top Hat Marching Band is known for its unorthodox methods of performing and is a favourite with parade crowds in the Golden Horseshoe area of Ontario.

But there's always a critic in any crowd, and the *Spectator*'s Diana Nethercott was able to find two during a Top Hat gig at the Great Halton Rubber Duck Race.

L e Top Hat Marching Band est réputé pour sa façon non orthodoxe de jouer. Il est fortement en demande pour les parades dans le secteur ontarien du Golden Horseshoe.

Mais il y a toujours des critiques dans n'importe quelle foule. Diana Nethercott, du *Spectator*, en a trouvé deux lors du Great Halton Rubber Duck Race.

● sports photo **1993** photographie de sport ●

Rick Eglinton
Toronto Star

A moment frozen in time, captured for generations of baseball fans to see and marvel at. That's what Rick Eglinton snared with his image of Blue Jay Joe Carter reacting to his World Series-winning home run against Philadelphia.

The last time a World Series was won by a homer was 1960, when the Pittsburgh Pirates' Bill Mazeroski labeled one against the Yanks. This was Eglinton's second NNA.

U n moment spécial figé dans le temps pour toute une génération d'amateurs de baseball qui ne cesseront de s'en émerveiller. C'est ce que Rick Eglinton a immortalisé avec un Joe Carter, des Blue Jays, réagissant à son circuit qui a donné la victoire à son équipe aux dépens de Philadelphie.

La dernière fois que la Série mondiale s'est jouée sur un coup de circuit remonte à 1960 quand Bill Mazeroski, des Pirates de Pittsburgh, en a cogné un contre les Yankees. C'est le second prix du CCJ pour Eglinton.

● spot news photo **1994** photographie d'actualité ●

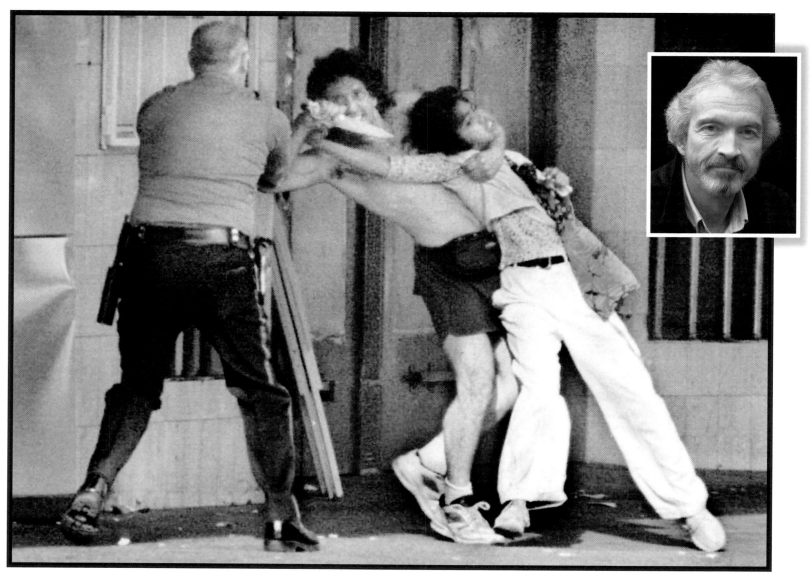

This gripping shot of a drug addict holding a butcher knife to a woman's throat won because, as Jon Murray explains it, "It really takes you there. It's very rare to be able to capture a moment that speaks for itself. What I strive to do is let people see the news. And that time I did."

The hostage-taker was wounded by the Vancouver police officer in the photo and the woman was released unharmed.

Ce cliché dramatique d'un drogué tenant un couteau de boucher à la gorge d'une femme a remporté le prix parce que, comme l'expliquait Jon Murray, "il nous amène sur les lieux; il est très rare de faire un cliché qui parle par lui-même; j'essaie toujours de laisser le lecteur voir les faits; et cette fois-ci, j'ai réussi."

Le preneur d'otage a été blessé par ce policier de Vancouver tandis que la femme s'en est tirée saine et sauve.

Jon Murray
Vancouver Province

● feature photo **1994** photographie de reportage ●

Patti Gower
Toronto Star

ormer *Star* editor Lou Clancy once said, "No one works harder than Patti Gower at getting a photo." Her winning NNA entry would certainly back up that statement.

Gower's intimate picture of a father keeping vigil at the bedside of his gravely-ill daughter was only possible because of the sensitivity of the photographer towards the family's grief.

'ex-rédacteur en chef du *Star*, Lou Clancy, a déjà affirmé: "Personne ne s'efforce autant que Patti Gower pour réussir une photo." Sa photo gagnante du CCJ endosse vraiment cet énoncé. Ce cliché intimiste d'un père au chevet de sa fille gravement malade n'a été possible que grâce à la sensibilité de la photographe envers la douleur de la famille.

● sports photo **1994** photographie de sport ●

Frank Gunn

Canadian Press/Presse canadienne

Victoria, B.C., was the backdrop for the 1994 Commonwealth Games where an ecstatic Robert Denmark of England crossed the finish line ahead of Zimbabwe's Philemon Hanneck to win the gold in the men's 5,000 metres.

Denmark's raised arms and facial expression captured all the joy of victory.

C'est à Victoria, en Colombie-britannique, qu'eurent lieu en 1994 les Jeux du Commonwealth. Un Robert Denmark, d'Angleterre, en extase, franchit la ligne d'arrivée du 5000 mètres homme pour remporter la médaille d'or, coiffant Philemon Hanneck, du Zimbabwe.

Les bras au ciel de Denmark et l'expression de sa figure démontrent toute la joie de la victoire.

● spot news photo **1995** photographie d'actualité ●

Patrick McConnell

Toronto Sun

A freelancer for the *Toronto Sun*, Patrick McConnell reacted quickly to the police scanner report of a Consumers Gas explosion.

At the scene, amidst the clouds of gas and dirt, McConnell was able to make out a badly-hurt worker reaching towards rescuers. He focused and shot this dramatic image of the man, who survived the ordeal.

P igiste au *Toronto Sun*, Patrick McConnell répondit rapidement aux ondes de police rapportant une explosion de gaz naturel.

Sur les lieux, parmi les nuages de poussière et de gaz, McConnell a été capable de discerner un travailleur gravement blessé qui essayait d'atteindre les sauveteurs. Il fit sa mise au point et obtint cette image poignante. Le travailleur a heureusement survécu à cette épreuve.

● feature photo **1995** photographie de reportage ●

Two brothers, one 90, the other 84, allowed Debra Brash into their unique backwoods lives in B.C. Both are bachelors and enjoy the simple life away from the urban sprawl.

They lack "newfangled amenities"; witness the winning photo of the older brother, John, taking a bath in a clawfoot tub with water he hauled in from another area of the farm. John said their life "stands up well in comparison to modern times."

Deux frères, l'un de 90 ans, l'autre de 84 ans, ont permis à Debra Brash de relater leur mode de vie dans l'arrière-pays de la Colombie-britannique. Ils sont tous les deux restés célibataires et heureux d'une vie simple loin de l'agitation urbaine.

Ils ne bénéficient pas du confort moderne comme en fait foi le plus vieux des frères, John, se lavant dans une baignoire sur pattes. Il a lui-même transporté son eau provenant d'un autre coin de la ferme. John estime que leur vie "se compare avantageusement à la vie moderne."

Debra Brash
Victoria Times-Colonist

● sports photo **1995** photographie de sport ●

Larry MacDougal

Calgary Herald

A third NNA for the *Herald*'s Larry MacDougal, proving he can do it both in the East and in the West. His first National was recorded for the *Ottawa Citizen*.

MacDougal recorded a perfect rodeo shot, highlighting cowboy Jeff Shearer parting company with his steed, Rockin' Alberta, at the Calgary Stampede.

U n troisième prix du CCJ pour Larry MacDougal, du Calgary Herald, a prouvé qu'il pouvait répéter dans l'Ouest ce qu'il avait obtenu dans l'Est. Il travaillait pour le *Ottawa Citizen* quand il a remporté son premier prix.

Il a réussi un parfait cliché de rodéo avec le cowboy Jeff Shearer, mis en évidence au moment où il se sépare de sa monture, Rockin' Alberta, au Stampede.

● spot news photo **1996** photographie d'actualité ●

Fred Sherwin

Ottawa Sun

Even the best-planned events sometimes run afoul, and what becomes bad luck for one person often turns into a Page One opportunity for a photojournalist.

The *Ottawa Sun*'s Fred Sherwin was there when things went awry for a barrel jumper, who suffered serious burns after becoming a human torch while performing at the annual winter festival in Ottawa.

Même les événements les mieux planifiés peuvent se terminer en chaos. Et ce qui constitue une malchance pour quelqu'un peut devenir l'occasion de faire la une pour un reporter-photographe.

Fred Sherwin, du *Ottawa Sun*, a pu constater que ça allait mal pour un sauteur de barils qui est devenu une torche humaine lors du carnaval d'Ottawa. L'athlète a subi de graves brûlures.

Multi-winners / Les multi-lauréats

Spot news winners: 1949 - 1998 Actualité:1949 -1999		Feature winners: 1950 - 1998 Reportage: 1950 - 1998		Sports winners: 1988 - 1998 Sport: 1988 - 1998	
Toronto Star	7	Toronto Star	9	Toronto Sun	3
Calgary Herald	6	Vancouver Province	6	Calgary Herald	3
Toronto Sun	4	Vancouver Sun	5	Toronto Star	2
Toronto Telegram	4	Ottawa Citizen	4	Canadian Press	2
Ottawa Citizen	4	Toronto Telegram	3	Brantford Expositor	1
Canadian Press	4	Toronto Sun	3	Hamilton Spectator	1
London Free Press	3	Calgary Herald	2		
Vancouver Sun	3	Globe and Mail	2		
Globe and Mail	2	Canadian Press	2		
Vancouver Province	2	UPI	2		
Montreal Herald	1	Montreal Gazette	2		
Lethbridge Herald	1	Calgary Sun	1		
La Presse	1	Kitchener-Waterloo Record	1		
Amherst News	1	Montreal Star	1		
Brantford Expositor	1	London Free Press	1		
UPI	1	Vancouver Times	1		
Kingston Whig-Standard	1	Brantford Expositor	1		
Edmonton Sun	1	Edmonton Journal	1		
Edmonton Journal	1	Hamilton Spectator	1		
Montreal Gazette	1	Victoria Times-Colonist	1		
Ottawa Sun	1				
Windsor Star	1				

Multiple Winners
Les multi-lauréats

Boris Spremo	4
Larry MacDougal	3
Bruno Schlumberger	3
Glenn Baglo	2
Doug Ball	2
Tedd Church	2
Don Dutton	2
Rick Eglinton	2
Bob Olsen	2
Fred Thornhill	2

Tim McKenna photo

‘ From the reader's perspective, the first paragraph of a story is the photo; the second graph, the headline; the third graph, the photo cutline; and the fourth graph, the lead ’

— Poynter Institute research

‘ Du point de vue du lecteur, le premier paragraphe d'une histoire est la photo; le deuxième, la manchette; le troisième, le bas de vignette; et le quatrième, le début de l'article ’

— L'Institut de recherche Poynter

National Newspaper Awards Board of Governors

Le conseil d'administration du CCJ

EXECUTIVE/Comité de direction

Linda Hughes
Wayne Parrish
Stuart M. Robertson

GOVERNORS/membres

Thomas Arnold
Murray Burt
Jon C. Butler
Steve Carlman
Michael Cobden
William Dampier
Clark Davey
Angela Ferrante
Gilbert Lavoie
Marie-Claude Lortie
Edward Patrick
Jim Poling Sr.
Jane Purves
Neil Reynolds
Stephen Rhodes
James Travers

Le dernier cliché
The last frame

— J.T. McVeigh photo

● Bill Sandford, lauréat en 1979 du CCJ, en plein travail à l'extérieur du Palais de justice de Barrie. ●

● Bill Sandford, 1979 NNA winner, on the job outside the court house in the Barrie, Ont. ... just another day at the office ●